Briefe an die
chrismon-Redaktion

Radfahrer, Soccer mom, Linkshänderin

Annette B. hat einen guten Job, aber was ist sie eigentlich? Sie arbeitet in einem Callcenter. Ihr Telefon klingelt mit drei verschiedenen Tönen. Je nachdem, welcher gerade bimmelt, meldet sich B. als Mitarbeiterin eines Kreditkartenunternehmens, einer Versicherung oder eines großen Autoclubs. Am anderen Ende der Leitung ist immer ein Kunde. In diesem Moment, während er anruft, ist er ganz ausdrücklich und mit ganzem Herzen Kunde. Sobald er auflegt, ist er wahrscheinlich wieder Heinz, evangelisch, Mediengestalter, und seine Facebook-Freunde kennen ihn als Heinziju, den mit dem Radfahrer-Blog.

So ist das heute. „Wer bin ich – und wenn ja, wie viele?", fragt der Pop-Philosoph Richard David Precht in einem seiner ersten Bücher. Das erfolgreiche Werk war zwar eher eine Einführung in die Philosophie, aber der Titel muss inzwischen immer wieder herhalten, um die gelassene Zerrissenheit der modernen Existenz zu illustrieren.

Früher war es ganz klar, wer man war, Prinzessin oder Bettelknabe, aus der Ecke kam man sowieso nicht mehr heraus. Im 21. Jahrhundert wechseln wir die Rollen, von jetzt auf gleich. Um sieben Uhr Vater, um acht Uhr Lateinlehrer. Heute noch wichtig, morgen vielleicht arbeitslos. Wer bist du? Nichts ist mehr statisch und stabil. Menschen lösen sich aus traditionellen Mustern und gestalten ihr Leben, müssen es gestalten, mobil und flexibel. Identität bilden heißt auf der Suche sein. Oder auf der Suche gewesen sein. Überall Optionen, was die Sache ja nicht einfacher macht, überall Chancen oder der Mangel daran. Je nach Klingelton und Kontext holen wir die eine oder andere Facette nach vorn. Mal den Chef, mal das empfindliche Pflänzchen.

Wer sind Sie? Wer bist du? Jetzt, in diesem Moment? Die Frage kann der Auftakt für eine kleine Selbsterkundung sein. Sie führt vielleicht direkt zu dem Punkt, der heute wichtig ist. Womöglich nur heute so wichtig und nächste Woche schon gar nicht mehr. Oder zu der Geschichte, die einen geprägt hat, zu den Menschen, denen man sich zugehörig fühlt – oder dem Thema, für das man brennt. Dem Sinn, den man dem eigenen Leben gibt.

Die chrismon-Redaktion hat die Frage ihren Lesern gestellt. Ganz einfach so: Wer bist du? Wer sind Sie? Es ging um einen Beitrag zum Thema Identität, aber so nebenbei, dachten wir in der Redaktion, könnten wir da unsere Leserinnen und

Leser kennenlernen. So kam es dann auch. Die
darauffolgenden Wochen, während die Antworten
eintrafen, waren eine ganz besondere Zeit. Hach,
tat das auf einmal gut, morgens in die Mailbox
zu gucken! Da sind sie, unsere Leser.
„Ich bin ein Chaot", schrieb die elfjährige Lisa.
„Ich bin wahrscheinlich ein mit mir befreundeter
Fremder", schrieb der Schriftsteller Friedrich
Ani. „Ich bin Deutsche seit 2008", schrieb eine
gebürtige Iranerin. Es schrieben „eine echte
Dresdner Sahneschnitte", eine umgezogene Linkshänderin, ganze Schulklassen, fromme Dichter,
kompliziert denkende Freizeitphilosophen,
glückliche Lehrerinnen. Aber auch solche, die
enttäuscht waren von der Schule und von ihren
Schülern. Außerdem: Großmütter und Kranken-
schwestern. Wirtschaftswissenschaftler und
trockene Alkoholiker. Menschen aus dem Gefäng-
nis und Menschen, die keinen Job mehr haben.
Glückskäfer, Mathegenies, Tangotänzerinnen...
Jede Antwort hat uns bewegt, über viele Einsen-
dungen haben wir oft gesprochen, und eine Aus-
wahl zu treffen für den Abdruck im Heft ist uns
sehr schwer gefallen! Wir hätten noch viel mehr
Seiten füllen können mit den ungeheuer spannenden und in ihrer Vielfalt aufregenden Selbst-

beobachtungen unserer Leser. Und selten haben wir mehr Resonanz, positive Resonanz bekommen als auf die chrismon-Ausgabe im Juli 2011 mit der Schlagzeile „Ich bin …"

Jetzt also das Buch „Ich bin …", mit fast allen Antworten aus dem Heft und vielen weiteren, die wir schweren Herzens auf einen anderen Stapel gelegt hatten, weil im Magazin einfach kein Platz mehr war. Und die sich genauso zu lesen lohnen.

Sie sind so verschieden, und sie sind so klug, die chrismon-Leser. Sie wissen, was es heißt, sich auszuprobieren und dass sie heute schon nicht mehr ganz die sind, die sie damals im Sommer waren. Mario Johnen, 30, zitierte in seiner Antwort den englischen Theologen John Henry Newman: „Leben heißt sich wandeln, und vollkommen sein heißt, sich oft gewandelt haben." Vielleicht wird Mario Johnen einmal vollkommen sein, wahrscheinlich aber wird er auf der Suche bleiben, die Suche ernst nehmen und die Vielfalt der Möglichkeiten hoffentlich immer als Chance begreifen können. Das wünschen wir ihm – und jedem.

Anne Buhrfeind, chrismon Textchefin

Manchmal denk ich, ich bin ganz viele – und manchmal kenn ich mich nicht einmal und bin mir fremd. Aber das sind zeitgebundene Zustände, tatsächlich bin ich nur eins und das ganz sicher: Mensch!

ANTJE

Manchmal glaube ich, 13 Jahre: Ich bin nirgendwo ich selbst. Nicht bei meinen Freunden, Eltern, selbst nicht mir gegenüber. Manchmal bin ich verletzt, mal bin ich glücklich. Aber macht es das nicht aus? Fühlen, mein Leben leben? Muss ich denn immer ich selbst sein?

MILA ELOIS HOLL

Ich bin Deutsche, seit 2008. Ich bin Iranerin, seit meiner Geburt. 1979 geboren, bin ich ein Kind der Revolution, wie man im Iran sagt. Ich bin ein Kriegskind und kann keine Lebensmittel wegwerfen! Wenn ältere Menschen in Deutschland von Krieg und Nachkriegszeit erzählen, kommt mir vieles bekannt vor. Schlange stehen für Lebensmittel, nur einmal in der Woche warmes Wasser, Stromausfälle. Ja, kenne ich! Ich bin Feministin und die Lebensgefährtin von meinem Freund. Ich bin unmusikalisch, aber ich liebe Musik. Ich liebe das Leben. Ich bin frei.

P. T.

Ich bin eine Idee –
gottentsprungen, muttergeworfen
irgendwie unausgegoren,
doch sinnvoll,
nie dagewesen,
auf der Suche nach der Masse,
die ich ergreifen kann,
um erinnerungswürdig zu sein.

JAKOB

Bin Glückskäfer mit gewissem Know-how, mit Drang zur Vagabundin. Stolze Besitzerin einer eigenen Welt.

DAVINE OTTENSMEIER

Ein Loslassender im 9. Lebensjahrzehnt und ein Neues-Suchen-
der – das muss kein Widerspruch sein. Ein Froher, weil mich
meine Frau nach 54 turbulenten Jahren noch liebt.

HARTMUT HERING

Ich bin das Kind, das ich nicht werden sollte. Glücklicher
Ehemann und stolzer Vater.

ANONYM

Inzwischen bin ich, wer ich bin – zufrieden im Beruf und ent-
spannter Hobbymusiker.

FLORIAN W.

Nach dem Anschlag auf das World Trade Center bin ich wieder
Mitglied der evangelischen Kirche geworden, weil ich diesen
Anschlag als Anschlag auf meine Lebensweise betrachtete, obwohl es tausende Kilometer entfernt geschah. Seit dem Wirt-
schaftscrash bin ich als selbstständiger Rollkutscher für

ein Logistikunternehmen tätig. Nebenbei bin ich Schöffe für Strafsachen im Jugendstrafrecht. Und das ist noch längst nicht alles! Ach ja, hätte ich fast vergessen: Ich bin 52 Jahre alt und mitten im Leben.

OTTO BUFONTO

Ich bin Mutter. Seit knapp drei Wochen. Von jetzt auf gleich. Von einem Tag auf den anderen.
Im Juli 2010 bemerke ich, dass ich schwanger bin. Der Bauch wächst, andere Körperteile unglücklicherweise auch ... Im März 2011 liege ich im Krankenhaus, 20 Stunden Wehen, dann Kaiserschnitt, zittrig, aber glücklich. Lotte ist da.
Zu Hause. Die Kleidung für Lotte ist zu groß. Die Windeln auch. So zart, so klein, so viel Liebe für ein kleines Wesen und so viel Hilflosigkeit ... Aber wir lernen. Jeder Tag geht besser. Der Frühling kommt und wir denken, dass wir eine gute Zeit vor uns haben werden, wir zwei.

JULE LUTZ

In Tirol in Liebe mit drei Geschwistern groß geworden.
In Rom italienisch gelernt, fröhlich gelebt.
In München treue Freunde gefunden.

Fortwährend gearbeitet, korrespondiert, getippt, telefoniert.
Kaffee gekocht, Menschen empfangen.
Von Kind an andere Völker und Kulturen bestaunt.
Herrliche Länder bereist.
In den Bergen gewandert.
Wunderbare Menschen kennengelernt.
Viel Freud und Leid erfahren.
In Indien große Liebe getroffen.
Nach Koblenz gezogen.
Ein Jahr lang keine Arbeit gefunden.
Endlich in der Chefetage gelandet.
Am Rhein entlang gependelt.
Getippt, telefoniert, hohe Reisekostenabrechnungen
verbucht.
Großen Fuhrpark, teure Limousinen gesehen.
Wichtige Männer in teuren Anzügen, Machtkämpfe,
Kasperletheater erlebt.
Zurückhaltende funktionierende Frauen bewundert.
Erkenntnisse fürs Leben gewonnen.
Neue Hoffnung geschöpft.
Gründungszuschuss erhalten.
Im eigenen Laden gute Suppen gekocht, treue Gäste bedient.
Viel gearbeitet, geputzt, kein Geld verdient.
Verschuldet.
Am Ende.
Alleinstehend.
Arbeitslos.
Wer bin ich?

URSULA RANK

Ich bin Bald-Nierenspenderin für meine kranke Schwester.

ANONYM

Ich bin eine Oma, die alle 14 Tage um 4.30 Uhr aufsteht, damit
sie zu den Enkelkindern fahren kann.
Ich bin eine Patentante für Kinder mit Lernschwierigkeiten,
die fast jeden Mittag kocht, wenn die Schüler kommen.
Ich bin ein Mensch, der versucht zu denken: „Wie geht es dir?"
Eigentlich bin ich kein bisschen überflüssig.

GERDA LECKERT

Ich bin verloren und gefunden.
Immer auf der Suche nach Antworten und manchmal auf der Flucht
vor ihnen.
Und auch wenn ich es nicht will, wohl immer ich selbst.

A. B.

Bis vor zwei Monaten war ich
noch Langzeitstudentin,
Bardame, Partygängerin und
hatte eine Fernbeziehung
nach Berlin. Seit dem
Schwangerschaftstest bin ich
werdende Mutter,
Staatsexamensanwärterin,
Am-Wochenende-zu-Hause-
Bleiberin und bald Berlinerin.
Ich bin glücklich, aber
vermisse meine Freunde.

BIRTE RIBBECK AUS LEIPZIG

Momentan bin ich eine Tagträumerin.

SANDRA B.

I ntelligent?
C hristlich?
H omo sapiens?
bin ich ich?
ein halbwegs intelligenter
christlich geprägter und christlich lebender
mensch
auf diesem „unserem?" planeten?
ich kann es nur hoffen ...

FRANCESCO DI GREGORIO AUS FRANKFURT AM MAIN

Ich bin eine Mutter, eine Mutter von vier Kindern.
Die Talk-Shows nennen mich altmodisch, weil ich in einer Haus-
frauenehe lebe und laden mich daher lieber erst gar nicht ein.
Meine Kinder finden es cool, dass ich immer für sie da bin und
wollen mich alle heiraten.
Mein Mann freut sich, eine Frau an seiner Seite zu haben, die
sich nicht zwischen Beruf und Kindern aufreibt und dabei
selbst auf der Strecke bleibt.

Die Politik begrüßt meinen Beitrag zur Gesellschaft, vier Kinder geboren zu haben. Und sie straft mich in Worten und Taten, weil ich als Akademikerin meine Arbeitskraft unbezahlt vergeude.

Viele Ehrenämter werden mir angetragen, für die andere keine Zeit mehr haben.

Wer ich bin?

Ich bin ein glücklicher Mensch, zufrieden mit mir und meiner Lebenssituation. Und nur manchmal ein kleines bisschen genervt, wenn andere meine Kinder erziehen wollen und mich dann fragen, was ich denn so beruflich mache.

ANDREA SIMONS

Ich bin
Ich bin eine
Ich bin eine Frau
Ich bin eine Frau in Berlin
Ich bin eine Frau in Berlin mittendrin
Ich bin eine Frau in Berlin mittendrin im Leben
Ich bin eine Frau in Berlin mittendrin im Leben und will
Ich bin eine Frau in Berlin mittendrin im Leben und will
                                               nehmen
Ich bin eine Frau in Berlin mittendrin im Leben und will
                                               nehmen und geben.

KERSTIN HACK

BIN

N

UNS TRÄGER

...und 16. hihi! AuRevoir.

Hallo, ich, 7 Jahre alt, bin:

Torwart, sozusagen die Nr. 1, großer Bruder, Musik-Fan, bester Freund von Benni S., Rinderfilet-Liebhaber, Weltmeister im Rülpsen, iPad-Fan, Mamas Großer, Gitarrenspieler, Bayern-München-Fan, Nintendo-Spieler, Grundschüler, Füllerführerscheinbesitzer, Pausenhof-Kicker (allerdings nur dienstags erlaubt), Turner, Enkel, Cousin von Jakob und Ferdinand, Fußballpokalbesitzer, Hausaufgabenerlediger, Leseratte, Faulenzer, Spätaufsteher, Spät-ins-Bett-Geher, Möchtegern-iPad-Besitzer, Kinogänger, Unheilig-Fan, Denker, Chaos-Liebhaber, Tischtennisspieler, Katholik, Beyblade-Spieler.

SIMON

Ich mache nichts anderes, als Zeit meines bewussten Lebens dieser Frage nachzugehen: Wer bin ich? Immer wenn ich denke, nun habe ich etwas über mich begriffen und weiß, wer ich bin, macht mir die Realität einen Strich durch die Rechnung. Ich mache im Grund alle Erfahrungen nur, um herauszufinden, wer ich bin. Was bin ich und was bin ich nur, weil ich die Vorstellung habe, ich sollte so sein? Was kann ich an mir ändern, und womit muss ich mich arrangieren? Wo verzeihe ich mir, und wo bin ich einfach nur faul? Welche Verletzungen sind heilbar? Welche Narben werden immer schmerzen, wenn

man sie berührt? Ganz ehrlich: Ich weiß es noch nicht.
Reicht die vage Vorstellung meiner selbst schon, um zu sagen: So bin ich?

SARAH WIENER

Ich bin Bloggerin, Schülerin, Flohmarktgänger
und kaufe noch CDs!

VICTORIA

Ich bin ein Egoist auf der Suche nach dem, was ich will.

ANONYM

Ich bin wohl das, was man im Allgemeinen als „im Aufbruch"
oder „vor dem Ernst des Lebens stehend" bezeichnet.
Aber eigentlich bin ich doch auch das zukünftige Au-pair in
Rotterdam, die angehende Studentin der internationalen Be-
triebswirtschaftslehre oder doch lieber die zukünftige
Lehramtsstudentin? Und genau da liegt das Problem. Woher

weiß ich, was richtig für mich ist? Mein Lehrer verglich unseren Kurs der Religionslehre mit Abraham im Exodus. Das fand ich passend, denn: Wir müssen uns auf den Weg machen, um unser Ziel, unseren Weg zu finden. Nur durch den Mut, einen Schritt in neue Welten zu wagen, werden wir letztendlich wissen, wo unser Weg entlangführt, was das Richtige für uns ist und durch was wir uns definieren.

Denn dann bin ich einfach ich.

MAIKE STEGGEMANN

Ein winziges, unbedeutendes Staubkorn im Getriebe der Welt – ja, das bin ich!

DOROTHÉE R.

Ich bin ganz viel: Mutter von zwei tollen Söhnen (9 und 12 Jahre), Ehefrau von einem tollen Mann, Berufstätige, Ehrenamtliche, Freundin, Schwester, Patentante, Nachbarin und so weiter.

Aber zurzeit bin ich manchmal vor allem eines: eine ratlose, aber hoffnungsvolle Kämpferin im alltäglichen Wahnsinn!

Mir kommen die sinnhaften Antworten auf die vielen Fragen meiner Söhne abhanden: „Warum baut man Atomkraftwerke, wenn man sich der Gefahr bewusst ist und nicht weiß, wohin mit dem Müll?", „Wieso gibt es so grausame Menschen wie Gaddafi, der sein eigenes Volk umbringt?", „Wieso gibt Deutschland solchen Ländern Waffen?", „Warum tut Deutschland nichts, wenn in China Menschen verschwinden, die ihre Meinung sagen?" und schließlich: „Gibt es die Welt noch, wenn ich groß bin?"

Und gerade wegen dieser Fragen, bin ich ein hoffnungsvoller Mensch, da wir uns durch diese Auseinandersetzungen die Augen öffnen und eine Wachsamkeit für die wirklich wichtigen Dinge im Leben geben: Liebe – Natur – Frieden und immer wieder: der Glaube an das Herzensgute!

GABI EGGERT AUS DÜSSELDORF

Bestimmt nicht der, den du siehst, denn der, den du siehst, ist das, was du siehst und von der Tatsache einmal abgesehen, dass das, was du siehst, ein allenfalls mittelmäßig komplexes Konglomerat von Atomen ist, die mit großer Wahrscheinlichkeit schon Bausteine für zig andere Gegenstände und Lebewesen waren und wieder sein werden, geht das, was du siehst und was du am Ende in deinem Kopf daraus machst, durch einen Filter, nämlich deinen ureigenen und höchstpersönlichen Filter und was dann am Ende dabei herauskommt, kann also unmöglich ich sein. Du kannst dir also Mühe geben wie du willst, das wirkliche mich wirst du nie erkennen und nie verstehen – es geht einfach nicht und vielleicht ist das gut so.

Tröstlich, wenn sicher auch nur schwach, mag es jedoch sein, wenn ich dir sage, dass es mir noch viel schwerer fällt zu erfahren, wer ich bin, denn neben meinem urpersönlichen Filter ist da noch die unendliche Eitelkeit meiner selbst, eine zusätzliche Barriere ganz für mich, die mich daran hindert und immer hindern wird zu erfahren, wer ich wirklich bin. Dennoch, bei aller Sinnlosigkeit der Suche, es wäre töricht sie nicht zu beginnen. Es wäre töricht nicht zu fragen, nicht zu denken, nicht zu glauben - nicht zu glauben, dass wir WER sind, auch wenn wir nie wirklich wissen werden, wer.

DR. N. S.

Ich bin ein Hippie-Reggae-Metal-Ska-Punk,
ein wandelnder Anachronismus,
der sich in Welten wünscht, wie sie nie waren,
ein Versager, der sich immer dann nicht mehr ausstehen kann,
wenn ihn die andern für erfolgreich halten,
ein wahnsinniger Tänzer,
ein depressiver Clown,
ein Anarchist, der versucht, die Schubladen des Alltags mit Humor zu sprengen;
Ich bin verdammt gut,
aber viel zu selten
(und außerdem nicht regelkonform).

MAZE

Ich bin Lieschen Müller und seitdem ich das verinnerlicht habe, bin ich bei mir selbst angekommen und habe eine innere Ruhe und Zufriedenheit.

GERDA L. AUS BERLIN

Ich bin einzigartig.

A.H.

Ich bin Schauspieler, ist mein erster Gedanke, weil das der Zeitvertreib ist, den ich mit so viel Freude betreibe, dass er mir gar nicht wie Arbeit vorkommt. Egal, wie viel Text ich vorbereiten muss, egal wie schwierig oder dämlich der Text sein mag – ich habe so viel Spaß an der alternativen Realität, die ich darzustellen habe, dass ich mir keinen besseren Beruf vorstellen kann. Außerdem bin ich die meiste Zeit unterbeschäftigt, um nicht zu sagen arbeitslos, aber diesen Status gibt es gar nicht für Schauspieler, wir sind dann „frei". Und in dieser Zeit bin ich Vater von zweien. Mein zweiter Gedanke ist: Vater sein ist eigentlich viel toller. Ich habe so viel Zeit und Energie für meine Kinder, dass ich glaube zu spüren, wie wichtig ich für sie bin. Wie sie durch mich und mit mir Spaß, Humor und Freude intensiver erleben als andere Kinder, deren Väter richtig arbeiten. Und umgekehrt noch viel mehr. Vielleicht bin ich auch ein peinlicher Vater – aber doch mehr Vater als Schauspieler.

Ich bin Agnostiker und denke, wenn jeder das jüdisch/christliche Gebot der Nächstenliebe leben würde, wäre unsere Welt in Ordnung. Ich liebe Art-Rock und bin Uriah Heep- und gleichzeitig ELO-Fan, was mich sehr amüsiert, weil meine Vorliebe für diese Musik so ironiefrei ist.

Und beim nächsten Schauspiel-Job bin ich dann ein ganz anderer vor der Kamera.

Und glücklich.

HANNO FRIEDRICH

Ein Sonnenschein (fast immer).

CH. WERNER

Die Muse meines Mannes.

K. P.

Sportlich

jemand, der in Portugal Portugiesisch lernen möchte

Ich und meine Familie
meine Familie und ich

jemand, der immer aktiv sein muss

Hobby –
"Bilderknipserin"

jemand, der sich so
richtig freuen kann!

jemand, der gerne
kreativ ist

Freundin

Ich bin wer!

jemand, der zu viel
nachdenkt

Schreinerin

Wer bin ich? — aus dem Süden!

bald Dipl.Ing.

Klettere

Bastlerin

lachen, lächeln,
grinsen!

vom Dorf

ich liebe es, draußen zu
sein. Mich zu bewegen

Studentin
(Vollzeit, aber im Moment
nicht mit ganzem Herzen)

eher ruhig
(glaube ich)

jemand, der Sonne braucht!
und Regen zum Lernen

gerade fröhlich :

nur ich!
(und mein Freund☺)

stolze Besitzerin
eines "Viking Chairs"
Selbst gebaut! (u.v.m)

Gitarre zupferin

mal mehr, mal weniger
von allem

...

ELISABETH EBERENZ

Ich bin die Frau, die weiß, dass die Erde sich weiter dreht und der Schmerz irgendwann aufhören wird.

A. B.

Ich bin Menschen- und Bürgerrechtlerin, Theaterdramaturgin, Individualistin und Familienmensch. Fußballfan, Parteivorsitzende, Rock' n' Rollerin und gegen AKWs. Die Liste ist noch viel länger, doch zwei Dinge halten sich bei allem durch: Wo ich mich engagiere, da möchte ich mit voller Kraft dabei sein. Und als Enkelin der katholischen Oma und des evangelischen Opas, die sich so sehr geliebt haben ohne jede Mauer und Grenzen, gilt für mich ein Satz der Oma wie ein moralischer Imperativ: Mir kann es nicht gut gehen, wenn es meinem Nächsten schlecht geht.

CLAUDIA ROTH, POLITIKERIN

Ich bin Apotheker. Ich bin schwul. Ich bin fast dreißig. Aber nichts davon sagt wirklich etwas aus. Ich versuche jeden Tag mit Neugierde zu begegnen und der Muße Raum zu geben und lande doch allzu häufig in einer wenig spannenden Routine. Ich möchte stringent leben und stelle immer wieder fest, wie inkonsistent ich mein Leben eigentlich bestreite. Ich verbringe meine Zeit gerne mit Freunden oder meiner Familie, da sie alle nicht das sehen, was nicht funktioniert, sondern alleine mich, den Menschen dahinter. Ich denke kompliziert und problematisiere ständig alles. Das Leben ist dadurch zwar nicht langweilig, aber leichtgängig ist es so auch nicht. Manchmal würde ich gerne mein Hirn etwas drosseln, um beschwingter durchs Leben gehen zu können.

JAN THORA

Ich, 23, Jahre, bin ein lebendiger Fisch,
der gegen den Strom schwimmt.

CHRISTINA AUS BERLIN

Ich bin ein Novemberkind, auf der Suche nach dem ewigen Sommer.

E. A.

Die empfindsame Polizistin, an der Aggressionen, Hass und
Gewalt nicht spurlos vorübergehen!

ANONYM

Ich bin,
die ich bin.
Doch wer bin ich?
Bin ich die,
die ich hätte sein können,
oder hätte ich sein können,
die ich nicht bin?
Ich kann viel.
Ich weiß viel.
Ich bin vielseitig,
sagen die Leute.
Man beneidet mich
um den Reichtum
meiner Einfälle,
meiner Begabungen.
Doch ich fühle:
Ich kann nichts.
Ich weiß nichts.
Ich lerne täglich,
doch es reicht nie aus.
Es ist nie genug.
Die Jahre vergehen.

Von Ferne grüßt schon
der mit der Sense.
Hätte ich sein können,
die ich nicht bin?
Kann ich es noch werden?
Vielleicht
sollte ich aufhören,
danach zu suchen,
wer ich sein könnte,
und einfach sein,
die ich bin?
Das scheint mir schwerer,
als ein Kamel
durch das Nadelöhr
zu schicken.

BEATE L.

Ich bin ein Puzzle. Jedes Jahr, jeder Tag, jeder Moment – und
vor allem jede Errungenschaft und jede Erfahrung bringen etwas Neues zum Anlegen zum Vorschein. Mit dem Besuch einer
Schlachterei kam die Vegetarierin hinzu. Damals dachte ich:
Ein zentrales Puzzleteil, heute eine selbstverständliche
Schattierung im Hintergrund wie auch die Kästnerliebende,
die Menschenfreundin, die Hundeliebhaberin, die Christin und
die Musikbegeisterte. Es kam die Abiturientin und die Auto-
fahrerin, die Greifswalderin, die Berlinerin, die Freundin

und Studentin. Manchmal kam ein Puzzleteil und ich versuchte es mit Begeisterung einzufügen – um dann festzustellen, dass es gar nicht passte. Das wiederum gab mir ein neues Puzzleteil. Vor zwei Wochen kam ein weiteres Puzzleteil zum Vorschein – die Mediatorin – aber ist es ein zentrales? Oder ist es vielleicht doch nur der Grashalm am Rande des Bildes? In 3 Monaten kommt (hoffentlich) die Diplompsychologin dazu. Ist sie die Bildmitte? Oder ist mein Puzzle gar ein Bild mit vielen Motiven ohne Mitte? Wird die Juristin in einem Jahr dazu kommen? Und welche weiteren Puzzleteile werden sich als die Falschen für dieses Bild herausstellen? Wichtig ist mir nur eins: Immer weiter zu puzzeln.

W. W.

Ich bin Berührerin. Ich spreche und stelle Fragen – mit meinen Händen.

MILKA REICH AUS BERLIN

Was ich, 15 Jahre, morgen bin, weiß ich noch nicht. Doch heute habe ich vor, morgen Jura zu studieren.
Doch wird das klappen oder werde ich meine Meinung noch tausendmal ändern?

Ich denke, ich kann nicht sagen, wer ich bin, nur so viel: Ich will ich sein und mich nicht verstellen müssen.

LINA M.

Ich bin ein Suchender.

ANONYM

Ich bin IT-Girl der Schule – immer top gestylt.
Ich bin Kummerkasten für Freunde
und Gute-Laune Macher auf Partys.
Doch am liebsten dichte ich ... nur weiß das keiner.

JOYCE S.

Ich bin der, den andere aus mir machen.

ANONYM

Ich bin mir nicht sicher.
Man darf das mit 22, denke ich.
Ich weiß besser, was ich nicht bin:
kein studentischer Unternehmensberater,
kein Hörsaalbesetzer, kein Ritalin-
Schlucker, kein Tatort-Schauer.

Ich bin Bummelstudent, angehender
Ökonom, halbfleißig, halbmotiviert, aber
interessiert. Ich bin Bachelor-Anwärter,
Wiederkäuer, Wissensverwalter.
Bin ich deshalb irgendwie qualifiziert?
Ich bin mir nicht sicher.

Ich bin Bahnfahrer. Ohne Leidenschaft,
aber politisches Engagement zwingt mich
dazu. Ich kenne Orte wie „Mulfingen" und
Worte wie „Raumschaft". Ich bin Sozial-
demokrat, was nicht nur Spaß macht. Immer
wenn ich es loslassen will, lässt es mich
nicht los. Bin ich deshalb Politiker?
Ich bin mir nicht sicher.

Ich bin Musiker, Sänger, Texter.
Was auf mich einprasselt, kann ich damit
ordnen. Wie eine Dachrinne, in der
alles zusammenläuft, die aber im Herbst
manchmal von Blättern verstopft ist.
Bin ich deshalb zufriedener?
Ich bin mir nicht sicher.

Ich bin nicht der Einzige.
Ich bin mir sicher.

HANNES MUNZINGER AUS HEIDELBERG

35

Ich bin das erste Kind zweier unglücklicher Einzelkinder.

Ich bin die große Schwester zweier Brüder.

Ich bin die Mutter dreier Söhne.

Ich bin eine Suchende.

Ich bin mal gefunden worden.

Ich bin eine gute Freundin.

Ich bin auf der Suche nach der großen Liebe.

Ich bin „blauäugig",
obwohl ich in Wirklichkeit grünäugig bin.

Ich bin spontan, schnell, gerecht, großzügig, gebend, stark,
stur, leidenschaftlich, voller Ideen, nachdenklich, 48,
barfuß 160 cm, empfindlich, zart besaitet, liebevoll, lie-
benswert, evangelisch.

Ich bin vieles.

Ich bin mir manchmal selbst zu viel und möchte doch
nicht weniger sein.

G. W.

Meine Antwort auf die Frage „Wer bist du?" ist kurz und fasst
all mein Glück und Unglück, meine täglichen Hoffnungsmomente
und eine gewisse Grundverzweiflung in sich zusammen. Sie lautet: eine Hebräisch lernende Arbeitslose.

ANONYM

Ich, 16 Jahre, bin noch zu jung, als dass ich mich auf eine Definition meines Selbst beschränken möchte. Nur so weit: Ich bin glücklich im Hier & Jetzt, da es so viele Träume gibt, die es zu erfüllen gilt.

ROXANNE

Ich bin Nicht-Antworter. Die Frage birgt Gefahr, daher umgehe ich sie: Wer daran denkt, wer er ist, der denkt zugleich daran, wer er sein möchte. Um der Fiktion nahezukommen, wird oft geeifert, plakatiert und abgekupfert. Ich bin somit Wer-bist-du-Verweigerer – damit lebt es sich frei von Zwängen.

DANIEL E.

Ich bin diejenige, die ich jeden Morgen im Spiegel sehe. Wenn ich hinschaue und nicht weg. Sehe ich mich mit einem Lachen, Zufriedenheit, manchmal aber auch Müdigkeit oder Traurigkeit, Glück oder Erstauntheit. Ich werde älter, mein Spiegelbild macht alles mit. Es zeigt die Falten, die grauen Haare, manches Neues, aber nie mein Anblick von vor 10 oder 40 Jahren. Ich bin heute 48 Jahre, zufrieden und glücklich.

SABINE D.

ALESSO

Deutschländer

ALessandro

Schwester / Messi Fan

Breakdancer / Fußballer

Intelligent

Noori ist der Nachname meines besten Freundes

Michael Jackson Fan / Ich bin elf Italiener

Clever / cool / Christiano Ronaldo Fan

frec**H**

ALESSANDRO, 11 JAHRE

Eine junge Frau
Mit dem verzweifelten Wunsch
Die Welt zu verändern
Und dem Bedürfnis
Sich selbst zu verstehen
Mutig und schüchtern
Glücklich und traurig
Aufbrausend und nachdenklich
Voller Angst vor der Zukunft
Und erfüllt von Liebe
Haltlos und doch nicht ohne Hoffnung
Wer bin ich?
Ich weiß es nicht.

J. M.

Ich bin eine Nummer. Ich bin Nummer 378/2010. Ich bin Gefangener der JVA Landsberg am Lech. Aber ich bin auch ein Mensch! Ich bin ein Vater und Ehemann. Ich bin ein Mensch, der einen Fehler gemacht hat. Ich bin eingesperrt und das noch für drei Jahre. Aber ich habe auch Gefühle. Ich liebe, lache und lebe. Ich liebe meine dreijährige Tochter und meine Frau. Ich schäme mich, dass ich sie im Stich gelassen habe! Aber ich werde meinen Fehler wieder gut machen. Ich werde wieder bei meiner

Familie sein. Ich suche die Schuld nicht bei jemand anderem. Ich habe mich geändert. Ich bin 23 Jahre, ein Mensch und keine Nummer!

ERIC

Ich bin wie alle anderen und auch ganz anders.

HENNING P.

Ich bin wie ein großer, wilder Garten mit bunten Blumen, großen Bäumen, ein bisschen Unkraut, Sonnenflächen, schattigen Ecken, spitzen Pflanzen und süßen Beeren. Mit einer sprudelnden Quelle, Stechmücken und Glühwürmchen.
Ich bin ein Sommerkind, ein Sandwichkind, manchmal ein Problemkind, am 9. August ein Geburtstagskind.
Ich bin eine von vielen und trotzdem einzigartig. Andere sagen ich bin anders, auffällig, selbstbewusst und manchmal ein kleiner Egoist oder Lausbub.
Ich bin groß, sportlich, Viertelgriechin, habe blaue Augen, kurze Haare und habe ein paar Sommersprossen auf der Nase. Mein Markenzeichen ist mein abstehendes rechtes Ohr.
Ich bin ein Trottel mit Herz, ein Energiebündel, ein bisschen vorlaut, in meinem Kopf ist es lustig. Manchmal bin ich kin-

disch, ab und zu ernst, oft ein bisschen albern, für jeden
Mist zu haben und spontan. Wenn's peinlich wird fang ich an
zu lachen.
Ich bin einfach ich!

ANNA H.

Ich bin ein von Gott geliebtes Menschenkind!
Trotz einiger Schwierigkeiten im hohen Alter „behütet und
geborgen wunderbar".

ALHEIDE S.

Ich bin ein Papierflieger aus rotem Seidenpapier, 20 Jahre
alt. Die letzten 13 Jahre habe ich damit verbracht, mich auf
meinen Start vorzubereiten. Ich habe alle Kanten sorgfältig
nachgezogen und immer bessere und zahlreichere Knicke gelernt und eingebaut, sodass ich mich perfekt vorbereitet
wusste; zumindest sagten mir das immer alle. Im letzten Sommer bin ich dann gestartet. Das Abheben war leicht. Auf meinen Fahnen wehte fröhlich das Wort „Abi!" im Wind. Aber ich
habe meinen Kompass verloren. Und treibe jetzt hier oben, in
der Hoffnung, bald das Ziel vor Augen zu haben. Auf meinem
bisherigen Weg hat das Seidenpapier einige Stürme überlebt

und hier und da einen kleinen Riss bekommen. Aber noch flie-
ge ich. Solange, bis ich angekommen bin.

P. S.

Ich bin – Gelegenheitsautist.

ANONYM

Ich, 48 Jahre, bin eine Powerfrau: Seit 20 Jahren Mutter zweier Kinder. Vor 20 Jahren sich selbstständig gemacht. Nach 20
Jahren von dem Vater und Mitbegründer des Unternehmens verlassen worden – und trotzdem sage ich: Das Leben ist schön! Hallo,
ich komme!

ANNETTE

Ich bin – eine Klassefrau! Zu überheblich?
Ich bin alleinerziehende Mama von drei Kindern, bin Krankenschwester, studiere Kunsttherapie, mähe Rasen, trinke Kaffee,
denke nach und schreibe Texte, falle vom Fahrrad, habe Heu-

schnupfen, singe beim Staubsaugen, stopfe keine Socken, lasse die Sau raus, habe Launen und Sehnsüchte, weine salzige Tränen, spiele ziemlich gut Klavier, habe Ohren, die hören, was zwischen den Zeilen steht und Hände, die in den Arm nehmen. Ich habe gelernt, dass Demut, Achtung und Ehrlichkeit und die Liebe zu mir selbst, mich in mir ruhen lassen, trotz all der Anforderungen des Lebens. Ich bin Uta mit jeder Faser meines Seins und freue mich, wenn mein Sein sich im Gegenüber spiegelt.

Es war ein schmerzvoller, aber heilsamer Weg bis zu der Erkenntnis, dass ich - so wie ich bin - eine Klassefrau bin. Deshalb ist es nicht überheblich.

UTA HENNIG

Viele Menschen glauben, als Schauspieler müsse man sich verwandeln. Besser ist es aber, wenn man die Figur in sich selbst sucht. Ich kann ein Opfer sein oder ein Mörder, ich kann mit Lust böse sein, mit Lust ein Liebender. Wenn ich in einer Rolle glaubhaft bin, dann deshalb, weil ich etwas bei mir selbst gefunden habe - und seien es Züge, die ich zutiefst verachte. Es ist wunderbar, wenn eine andere Figur in einem lebendig wird, wenn sie wahrhaftig wird. Und es hört nicht auf, ich muss immer wieder neu lernen zu sprechen, zu gehen ...

Ich bin Schauspieler! Meine Frau ist Schauspielerin, meine Töchter. Ich stamme aus einer Schauspielerfamilie. Ich bin natürlich noch mehr, ich bin ganz viel und auch wieder sehr beschränkt und unzulänglich.

Bin ich ein anderer seit diesem furchtbaren Autounfall in Hamburg? Am selben Tag, als in Japan die Erde bebte, starben vier Menschen auf der Kreuzung. Meine Frau und ich wurden nur leicht verletzt, aber unsere Gedanken gehen immer wieder zu unseren guten Bekannten, die dabei ums Leben kamen, zu den anderen Opfern, den Passanten, die das miterlebt haben, zu dem Autofahrer, der das Ganze verursacht hat und jetzt damit leben muss. Bin ich nun ein anderer? Nein. Aber seit dem Unfall gehe ich mit dem Leben und der Zeit bewusster um. Seitdem weiß ich, wie brüchig alles ist, und dass gerade in dem Moment, wo man gar nicht daran denkt, Schreckliches passieren kann. Und ich weiß, dass ich trotzdem irgendwann wieder gut schlafe.

PETER STRIEBECK

Ich bin die Tochter meiner Eltern, die Frau meines Mannes, die Mutter meiner Kinder und die Freundin, die immer zuhört. Ich bin die Nachbarin, die freundlich ist, die Frau, die vieles verzeiht.

Aber wer bin ich ohne all dies???

E. S.

Ich, 35 Jahre, bin immer dichter dran an der, als die ich gemeint bin. Ganz und gar nur ich.

KATJA P.

Ein rosa-pink-verrücktes Mädchen / Frau mit viel Plüsch *gggg*

ANONYM

Ich bin jemand, der es gut versteht, seine Sorgen hinter einer viel zu dicken Schicht Ironie zu verbergen.

ANONYM

Eine gute Frage:
Eine Mutter?
Eine Ehefrau?
Eine Kollegin?
Eine Nachbarin?
Eine Tierliebhaberin?
Eine Umweltschützerin?

46

Eine Ehrenamtliche?

Ein Gemeindemitglied?

Ein Musikfan?

Eine Reisende?

Eine Teetrinkerin?

Eine Naschkatze?

Eine Theaterbesucherin?

Eine Leseratte?

Eine Patientin?

Eine Kundin?

Ein User?

Eine Nummer?

Ein Kostenfaktor?

Ein Teil der Gesellschaft?

Vermutlich von allem etwas.

SUSANNE H.

Ich bin eine 78 Jahre alte Frau, die sich immer noch schwer
tut zu begreifen, dass sie in unserer Gesellschaft kaum ge-
braucht wird.
Mir wird ständig geraten, es langsam angehen zu lassen und
mich auszuruhen. Wovon? Manchmal gelingt es mir noch, etwas
mitzugestalten, das ist schön.

E. D.

I am relation.

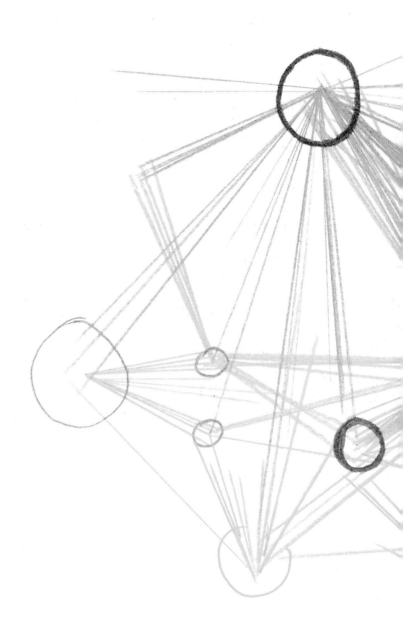

the world i

elation!

Ich bin mein fremder Freund ...

ANONYM

Ich bin bunt und vielgestaltig, ewiger Zweifler und hoff-
nungsloser Idealist, werde immer ein großes Kind bleiben und
dabei voller Neugier auf Gott und die Welt. Ich bin manchmal
alles und manchmal nichts, bin ein kleines „Ich" und ein
großes „Ich", aber ich bin fast „Ich".

ANONYM

Als Soziologe weiß ich, dass meine Identität durch das Bündel
meiner verschiedenen sozialen Rollen gebildet wird, als
Professor, Ehemann, Vater, Bürger, Konsument usw. Das war
schon immer so, aber die Vielfalt der Rollen wird größer und
die Anforderungen der Rollen steigen und wechseln immer häu-
figer. Allein als beliebiges „Bündel" (oder als „Patchwork")
kann man aber keine stabile Identität ausbilden. Ich spüre
immer wieder (und je älter ich werde um so mehr), wie wichtig
es ist, jenseits der sozialen Vielfalt etwas Eigenes zu sein

– aber das wird eine immer schwierigere Aufgabe. Dieses Eigene ist nicht nur der persönliche „Sinn", den ich mir für mein Leben gebe (und an dem ich immer öfter zweifle), sondern es ist die schlichte Freude, wenn es mir gelingt, meine komplizierte alltägliche Lebensführung zusammen mit all denen, die mir lieb sind, einigermaßen „auf die Reihe zu bekommen".

PROF. DR. G. GÜNTER VOSS AUS CHEMNITZ

Ich bin Träumerin ohne wirkliche Ziele.

JANET L.

Momentaufnahme: Ich bin ein leeres Blatt. Denn so fühlt sich die Frage an. Ein Teil von mir sträubt sich davor, auch nur einen einzigen Satz zu schreiben und damit festzulegen, wer ich bin. Damit bin ich ängstlich, offen und dynamisch. Ich komme irgendwoher und ich gehe irgendwohin.
Langzeitbelichtung: Ich bin ein Buch. Ein spannender Roman, dessen Plot sich windet und wendet, verändert und überrascht. Ich bin wandelbar. Ich bin spannend. Ich blättere oftmals ein paar Seiten zurück, um zu verstehen, wie sich die Geschichte entwickelt hat. Ich bin nachdenklich. Ich versuche, Seiten zu überspringen. Ich bin besorgt. Ich bin frustriert.

Ich bin ein Chaot, der gerne ordentlich wäre.
Ich bin ein Pfälzer, der Stuttgartfan ist.
Ich bin zwar nur elf Jahre alt, gehe aber in
die siebte Klasse. Fleisch esse ich nicht,
doch den Grund dafür weiß ich nicht.
Ich habe eine Spinnenphobie, aber meine
Lieblingstiere sind Vogelspinnen und Pferde,
genauer Grammostola Rosea und Isländer.
Am allermeisten bin ich jedoch ich selbst.
Ich habe eine wunderschöne Riesenfamilie, die
supergut zu mir passt. In der Schule bin ich
ein Klassenclown, aber meine Noten sind 1, 2 und 3.
Ich bin ein Mädchen, und ich bin stolz darauf,
hasse es allerdings, mich zu schminken.

Ich bin nicht christlich, aber ich respektiere
alle, die das sind, ich habe nur so viele
Wissenschaftsbücher gelesen, dass ich die
Existenz von Gott für sehr unwahrscheinlich halte.

LISA BACHERLE

Das Monatsmagazin chrismon plus enthält Geschichten über Menschen in außergewöhnlichen Situationen, Reportagen, Interviews, fundierte Kommentare. **chrismon plus** regt an: zum Nachdenken und Weiterdenken und miteinander reden.

Sind Sie neugierig geworden? Dann schicken wir Ihnen gern ein Probeheft zu.

☒ **Ja,** bitte senden Sie mir ein kostenloses Probeheft

Name | Vorname

_____

Straße | Hausnummer

_____

PLZ | Ort

_____

☐ Ich bin damit einverstanden, dass Sie mich telefonisch zum Magazin befragen

Sie erreichen mich unter dieser **Telefonnummer**

_____

Datum | Unterschrift

Deutsche Post 🦅
WERBEANTWORT

chrismon-plus-Leserservice
Postfach 50 05 50
60394 Frankfurt

Das Porto übernehmen wir für Sie.

chrismon plus
Das evangelische Magazin

chrismon plus
erzählt, wie
Menschen
heute leben.
Was sie bewegt.
Wie sie über Gott
und die Welt
denken.
chrismon plus
ist gut zu lesen,
sieht gut aus, ist
modern, aber
nicht zeitgeistig.
Überraschend,
aber nicht beliebig.

www.chrismon.de

chrismon plus
Das evangelische Magazin 12.20
www.chrismon.de   € 4,50

So schön wie möglich

Die Zeit mit Kindern ist etwas Besonderes.
Aber was, wenn die Kinder krank sind,
so krank, dass sie vielleicht sterben?
Seite 14–24

Kapitel 1, Verleger. Ich bin ein Kind. Ich bin verspielt. Ich bin redselig. Und anstrengend.

Kapitel 2: Ich bin Teenager. Ich bin ratlos. Ich bin musikalisch. Ich bin Austauschschüler.

Kapitel 3: Ich bin Student. Ich bin verliebt. Ich bin verletzt. Ich bin lernwillig. Ich bin Kellner.

Kapitel 4: Ich bin Berufseinsteiger. Ich bin verunsichert. Ich bin nervös.

Exkurs: Ich bin glücklich. Ich bin ruhig. Ich bin stolz.

Was noch passiert: Ich bin beunruhigt. Ich bin einsam. Ich bin besorgt.

Ich bin überfordert, aber interessiert. Denn außer die zeitliche Abfolge und Parallelität von Adjektiven nennen zu können, kann ich die Frage nicht beantworten.

Vielleicht liegt es an Adjektiven. Es sind „Wie-Worte". Die auslösende Frage lautet aber „Wer bin ich?".

Ich bin Sohn, Bruder, Cousin und Neffe. Ich bin Freund, Ex-Freund, verlorener Freund. Ich bin ehemaliger Schüler, Student und Kindergarten-Besucher. Ich bin Pendler. Ich bin Angestellter und Berufseinsteiger. Ich bin Handynutzer, Fitness-Studio-Mitglied, Musiker. Ich bin Snowboarder und Surfer. Ich bin ein Idiot.

Eine nachdenkliche Kaffeepause. Ich bin auch Kaffee-Genießer. Ich bin weiterhin überfordert.

Nomen sind die Antwort auf die Frage „Was bin ich?". Um Himmels Willen. Ich bin froh, dass mein Leben nicht von der Beantwortung dieser Frage abhängt...

Ich habe das schwimmende Gefühl, in irgendeiner Verbindung sei diese Frage doch überlebenswichtig. Über-Leben(s)-wichtig. Über – zu groß, um es zu verstehen. Leben – alle Adjektive, No-

men und Folgewörter von „ich bin". Wichtig... puh, heute kon-
zentriere ich mich lieber mal aufs BIN als auf das „?".
Der Einfachheit halber bin ich Till.

TILL WINKLER

Ausreißwillig. Bunt. Charismatisch. Diäthassend. Eloquent.
Faul. Grüblerisch. Herzlich. Ironisch. Jeck. Kampferprobt.
Liebevoll. Merkwürdig. Nachtaktiv. Obrigkeitsunhörig.
Problematisch. Querdenkend. Reiseverrückt. Stenök. Trau-
rig. Ungeduldig. Verwirrt. Weiblich. Xenophil. Yardbird.
Zuverlässig.

ESTHER

Ich bin die, die sich wünscht, dass einer den Strom aus-
macht - nicht in einer viertel Stunde - jetzt - einer, der
die Tür öffnet, die Fenster aufreißt und Mut macht, sich zu
trauen selber zu leben, zu interagieren, und wirklich zu
machen.

ITA

ÜBER ICH ÜBER UN-S

Über mir das Über-Ich
hat Verstand und baut auf mich.
Doch das Unter-mir rennt dann
wie bekloppt dagegen an.

Über-Ich will mich belohnen
wenn mich Geist und Sinn bewohnen.
Unter-Ich will lieber gammeln
um sich lauter Un-s versammeln.

Unsinn, Ungeist, Unlust lauern!
Über-Ich baut hoch die Mauern!
Unter-Ich rennt an, von Sinnen.

Wo soll ich dazwischen bleiben?
Mittendrin. Doch wie beginnen?
Lustvoll, geistvoll – Unsinn treiben!

ART SIGILLUM

Ein Mensch, den GOTT 85 Jahre durch Tiefen und Höhen geführt
hat und der sich (noch) nicht verunsichern lässt, dass seine
Verheißungen sich erfüllen.

KARL-HEINZ FRANKHÄUSER

Ich bin Emilia. Das bedeutet: noch zur Schule gehen, Soaps im Internet nachgucken, der Roboter meiner Eltern sein. Es bedeutet, manchmal leise vor sich hin zu weinen, sich viel aus der Meinung anderer zu machen und bei Liebesromanen loszuheulen. Emilia zu sein bedeutet viel ... sehr viel!

EMILIA

Ich, 16 Jahre, bin auf dem Weg.
Auf dem Weg, die ganze Welt zu erkunden.
Gleichzeitig versuche ich noch 1000 andere Personen zu sein, wie auch eine gute große Schwester, Schülerin, Freundin und Tochter.

JANNA R.

Ich bin nur das, zu dem ihr mich macht.

ANONYM

Wer bin ich??

Bin ich groß? JA.

Bin ich ehrgeizig? KLAR DOCH!

Bin ich hübsch? NA JA.

Bin ich schlau? AUSREICHEND.

Bin ich eine Schlafmütze? NIEMALS.

Hab ich Freunde? DIE BESTEN.

Hab ich große Füße? NÖ.

Wie finde ich Schule? GANZ OK.

Rede ich zu viel? AUF JEDEN FALL.

Bin ich lustig? LOGO.

Wie ist meine Klasse? KRASS.

Lieblingsfarbe? UNKLAR.

Bin ich verliebt? GUTE FRAGE.

BIN ICH ICH????

100%ig

CELINA KECKSTEIN, GYMNASIUM OHMOOR 7D AUS HAMBURG

Ich bin Bewohner auf einem Planeten namens Erde. Im Vergleich zu der unendlichen Weite des Universums weiß ich gar nichts. Selbst kann ich mich noch nicht so gut einschätzen, aber ich bin voller Fragen. Manchmal frage ich mich, ob alles sinnlos ist oder ob alles irgendein Ziel verfolgt.
Und wenn ja, kann ich es mir nicht vorstellen.

ANONYM

großartig
liebevoll
eine Lady
Rentnerin
Mitschülerin
Mutter
selbstbewußt
Studentin
aktiv
klug Optimist
Oma
zart
mitfühlend
große Schwester
Patin
Säugling
glücklich
Senio...gerin
nett
Grundschülerin
Person
kreativ

Baby Maus
fröhlich
unpolitisch
groß
Mensch

Chefin
ehrgeizig
pessimistisch
lustig

Tante
Clown
allein
frech
stur
Senionn
wütend Partner
Freundin robust
unsicher Angestellte
aggressiv
nachtragend
faul
einsam
gemein
schüchtern
blöd Stufensprecher
Kleinkind
egoistisch
Ehefrau
Tochter
einschüchternd klein
traurig Heldin
schülenn
Kindergartenkind
eigensinnig
Schwiegertochter

Wer bin Ich?

ANNA MEYER

Den Tanz liebende, Harfe spielende, 14-jährige Hannoveranerin mit blondem Haar und braunen Augen.

CHARLOTTE BAAR AUS HANNOVER

Ich, 51 Jahre, bin ich, und ich werde es immer noch jeden Tag mehr.

ANONYM

Das Produkt einer tiefen Liebe in den 1960ern oder doch nur einer Zweckgemeinschaft? Diese Frage gibt mir bis heute immer wieder Rätsel auf. Dass der Akt der Zeugung einfach pure Lust sein kann, ist bei meinem Verschmelzungsprozess schwer vorstellbar – umso größer der Moment der zerbrechlichen Liebeserklärung bei eurer goldenen Hochzeit. Zwischen Moral und Freiheit und dann auf der Suche nach den Grenzen habe ich viel enttäuscht und doch dazugewonnen. Und nach fünfundzwanzig Jahren Zaudern und Scheitern übe ich verliebte Gehversuche und genieße jedes Stolpern – denn wenn die Zeit zwischen den Fingern zerrinnt, ist es ein Geschenk, sich daran zu reiben.

Es muss doch Liebe sein, die meine Wurzeln speist und die mich im Sturm des Alltags nicht aus dem Boden der Tatsachen gerissen hat.

CHRISTOPH NESGEN

Ich bin immer noch nicht angekommen. Nach zweieinhalb Jahren Studium in Schweden bin ich schon seit über einem Jahr wieder zurück in Deutschland. Ich habe hier einen wunderbaren Mann, einen Freundeskreis, auf den ich mich verlassen kann, eine schöne Wohnung und gute berufliche Chancen. Trotzdem sehne ich mich nach dem Leben, das ich in Schweden zurücklassen musste. Internationalität, Unabhängigkeit, Klarheit, Natur, Einsamkeit. Dass ich so arg sehne und das Thema einfach nicht loslassen kann, macht es nicht einfach für die, die sich freuen, mich wieder hier zu haben und für die ich inzwischen zum Alltag gehöre.

DIANA D.

Ich bin eine Frau, die vor kurzem von ihrem Mann verlassen wurde. Ich habe die Liebe meines Lebens verloren, die ich 25 Jahre genossen habe.
Ich stehe vor einem Neuanfang, kann aber mein altes, für mich so wertvolles und wunderschönes Leben noch nicht loslassen.

Ich träume immer noch, er kommt wieder zu mir zurück. Ich bin 51 Jahre, habe 17 kg abgenommen und fühle mich körperlich verjüngt, schlanker und gesünder.
Mein Körper ist verwandelt und gibt mir Kraft. Ich mache viel Sport und suche mir neue Aufgaben. Meine Seele ist aber sehr verletzt und ängstlich. Ich bin sehr, sehr traurig. Wie geht es weiter für mich?

ANONYM

Ich bin sehr oft (!) ein glücklicher Mensch.

JOHANNES F.

Ich bin ein Kriegskind.
Wenn dies eine Frau von über 70 Jahren sagt, klingt es etwas merkwürdig. Und doch hat die Flucht aus Ostpreußen 1945 mein ganzes Leben geprägt.
Über diese Zeit wurde später kaum noch gesprochen. Meine Mutter ist inzwischen verstorben, und ich kann sie nicht mehr fragen. Die Flucht habe ich als kleines Mädchen von sechs Jahren erlebt. Die Erinnerung besteht bei Kindern oft nur aus Sequenzen, und so weiß ich nicht mehr, wie unsere Flucht, die meiner Mutter mit mir, im Einzelnen abgelaufen ist.

Meine kleine Schwester starb im Krieg, mein Vater ist im Krieg gefallen, meine Tante und meine Oma sind in Königsberg verhungert, eine andere Tante und der Onkel verschollen.

Die ganze Habe blieb in Königsberg.

Heute wüsste ich gern mehr über meine Verwandten, aber die Kirchenbücher und die Standesamtsunterlagen sind im Krieg abhanden gekommen, sodass die Familienforschung an ihre Grenzen stößt.

Mein Flüchtlingsschicksal nehme ich mit ins Grab.

Heute interessiert es niemanden mehr, aber erst heute kann ich ganz offen sagen: „Ich bin ein Flüchtling."

Ich bin ein Flüchtling – wie so viele auf dieser Welt.

RENATE SEIFERT

Sommersonnenkind.

ANONYM

Ich bin die Suchende und die Gesuchte. Die, die sich vielleicht nie finden wird.

ISABEL P.

zur Zeit einzig
nur
Zahnarztarzt =
patient
(oralphobie berlin)

chrismon
„ Wer bist du ? "

Postfach 500550

60394 Frankfurt
am Main

64

Ich bin Mutter von einem unglaublich tollen siebenjährigem Jungen, verwitwet, nach vorne blickend, traurig, fröhlich, lustig, zu jedem Schabernack bereit, mag mich manchmal gar nicht, unterwegs, kann „nein" sagen, bin in manchen Dingen gelassener, kann mich aber auch in „Ungerechtigkeiten" richtig hineinsteigern, sage meine Meinung ... Ich bin gläubig, was viele nicht verstehen. Mir und meinem Sohn hilft der Glaube, sodass ich so sein kann, wie ich bin.

HEIKE

Ich bin 24, also die Summe der Erfahrungen, die ich in dieser Zeit im Leben mitnehmen durfte oder musste. Ich bin Soldat, also jemand, dem es ansatzweise möglich ist, über den Tellerrand unserer abgeschirmten Gesellschaft zu sehen, um zu merken, wie die Welt ohne Ordnung sein kann und ist. Ich bin der Freund einer Frau, die ich über alles liebe, der ich freiwillig einen Teil von mir gab und ich mich trotzdem dadurch bereichert fühle, als hätte ich mehr und nicht weniger. All das gepaart mit meinen Zielen bilden die Hoffnung und den Antrieb für die Zukunft, damit ich für meine Kinder der gleiche Fels im Leben sein kann, wie es meine Eltern für mich waren.

ROBERT K.

Vielleicht bin ich ein individueller Stern zweiter Größe.
Zumindest deutet mein Name ‚Süheyla‘ (Verweiblichung [und vertürkt] von ‚Suhail‘) daraufhin.
Vielleicht aber werde ich bald berühmt, aufgrund meines Nachnamen ‚Ünlü‘ (türk. = berühmt).
Vielleicht bin ich auch nur jemand, der sich das alles einbildet zu sein.

SÜHEYLA ÜNLÜ

Ich bin gerade mit vollem Herzen Mutter.
Ich wollte immer viele Kinder, mindestens fünf, das wusste ich schon sehr früh. Das Leben hat manchmal andere Pläne. Ich habe mit IHM gehadert, jede weitere Fehlgeburt hat mich zutiefst erschüttert, ich habe nicht verstanden, warum ausgerechnet wir kein Kind haben durften und dann ... dann kam Anton. Schwangerschaft und Geburt nicht ohne Ängste und Probleme, aber letztendlich ein Kämpfer, der zu uns wollte. Nun ist er schon seit 15 Monaten da und ich weiß, dass genau er es war, der mir so gefehlt hat.

REGINE D.

Ich bin wütend auf alle – am meisten auf mich selbst!

ANONYM

Die Hälfte ist längst gelebt, vermutlich. Die Suche nach neuen Bildern hört nicht auf, glücklicherweise. HNO-Arzt und plastischer Chirurg, ziemlich erfolgreich und doch niemals entspannt. Einzelkämpfer trotz Teamfähigkeit. Vorläufig ohne Gebrechen, schmerzfrei und eigentlich voll im Plan, wenngleich immer mit dem Gefühl, etwas verpasst zu haben, was wahrscheinlich nicht wirklich berechtigt ist.
Hobbypilot mit dem Wunsch, doch noch immer etwas höher zu steigen, wenn es Wetter und Himmel ohne größeres Risiko erlauben, sicherheitsbesessen, was der geliebten Familie geschuldet ist und wohl auch meinen Patienten hilft.
Ich habe vielleicht zu wenig ausprobiert. Normaloschicksal. Wäre gern auch einmal Freak gewesen, wenigstens ein paar Tage.

DR. N. N.

Seit sechs Wochen bin ich das Mädchen, das seinen Großvater verlor. Mehr noch, ich bin diejenige, die an seiner Seite saß, als er die niederschmetternde Diagnose „Krebs – austherapiert" erhielt. Ich habe damals nicht geweint, auch nicht am Tag seiner Beerdigung. Ich weinte nur in der Nacht, als er starb, dabei habe ich meinen Großvater geliebt. Er war mein Fels, einer meiner besten Freunde, mein Zufluchtsort vor der Welt. Doch ich trauere nicht, stattdessen bin ich erfüllt von Frieden und Zuversicht und... Lebenslust. Diese wenige Wochen zwischen Diagnose und Tod haben mich stärker werden lassen und so will ich auch nicht trauern, jetzt noch nicht, weil ich nicht bereit dazu bin und weil zu viele andere Dinge zu bewältigen sind – immer noch.

Ansonsten versuche ich so durch den Tag zu kommen, Dinge die mich stören zu ändern und einfach keine Angst mehr vor alltäglichen Dingen zu haben. Ich versuche, meinen alten Optimismus zurückzuerlangen und mich von meiner Familie zu lösen, die auf ihre Art großartig ist, die es mir aber unbewusst manchmal schwer macht, auf eigenen Beinen zu stehen und frei zu sein, weil sie dazu neigt, mich beschützen zu wollen, an Stellen, an denen ich den Sprung vielleicht einfach einmal wagen muss.

Bleibt nur noch eins, was meine Gedanken maßgeblich bestimmt. Ein Mensch, dem ich noch so viel zu sagen habe, aber es nicht sagen kann. Der immer mein Fels ist und dann plötzlich manchmal doch nicht – doch solange ich glaube, dass meine Worte eine Bürde für ihn sind, solange er sich noch ebenso sehr sucht, wie ich mich, bewahre ich lieber dieses kleine Geheimnis für mich und bin zufrieden mit dem, was mein Leben mir bietet, und gespannt, was noch kommen mag, schließlich habe ich es erst 21 Jahre gelebt.

KATHARINA

Wer bin ich?

Eine „ULH",

also eine umerzogene Linkshänderin,
die nach 44 Jahren, im Alter von 51 Jahren,
endlich ihre linke Hand als Schreibhand
entdeckt hat und beim Schreiben jetzt
tiefe Glücksgefühle empfindet.

Denn:

Links tut gut!

① Links darf sein,
links ist fein.
Links tut gut,
links macht Mut.
Links ist recht,
links ist echt.

② Links baut auf,
vertrau' nur drauf.
Links macht Spaß,
glaub' mir das.
Links befreit,
sei bereit!

SF im Dez. 2010

Susanne

im April 2011 unverkrampft
mit Tinte und Glasfeder geschrieben.
Wie schön ist das!?

D r knall arte Sani r r

Der knallig Bunte und Farblose.
Der Harte und Weiche.
Der Artige und Frechdachs.
Der Heilsuchende und manchmal Machende.
Der Unfertige und lückenhafte.

In jedem Fall:
Der Suchende und der Getragenwissende.
Christenmensch. Ehemann einer lieben Frau.
Vater von drei einzigartigen Kindern.
Geschäftsführer bei der Beratungsgesellschaft Kienbaum.

THOMAS KLEB AUS SIEGEN

Ich bin wahrscheinlich ein mit mir befreundeter Fremder. Ich bin der Biertrinker, der am Ende des Abends gern ein Weintrinker gewesen wäre, ich bin der Weintrinker, der am Ende des Abends ein Erfrischungsbier braucht, aus Gewohnheit, oder Sturheit. Ich bin Giesinger, also Münchner, also Bayer, also Deutscher, Europäer, Erdenbewohner, Kosmopolit meines Zimmers. Ich bin ein Zimmerling. Ich verreise ungern, außer an die Nordsee, von der meine Seele abstammt. Ich bin Schriftsteller, Leser, Schattenwerfer, Untermieter der Nähe meiner Freundin, die von hinten so heißt wie ich von vorn: Ina. Wenn ich allein bin, gehe ich nicht ein. Ich gehe oft aus, um allein zu sein unter anderen, das ist meine Art des beschwingten Dabeiseins. Auf die Frage, ob meine Bücher autobiografisch seien, antworte ich manchmal: Was denn sonst? In Wahrheit bin ich vermutlich ein vollkommen Anderer, aber den lass ich links liegen. Ich bin der, der schreibt. Wenn ich in den Spiegel schaue, erkenn ich mich wieder.

FRIEDRICH ANI, SCHRIFTSTELLER

Ich bin eine Spätentwicklerin; mein Sohn hat – mit gutem Grund – gesagt: 65 ist ein gutes Alter, erwachsen zu werden. Mein Schluss daraus war: Dann ist 70 ein gutes Alter auszuziehen. Seither habe ich eine eigene Wohnung. Und nicht nur das: Ich traue mir eigene Reisen zu und beginne ungewohnte Dinge mutiger oder selbsbewusster. Hilfreich: „7 Wochen ohne Zaudern" oder in diesem Jahr: „Es ist nie zu spät, so zu sein, wie man gern gewesen wäre."

N. N.

Ich bin wie die See – unergründlich, schön und hässlich, stürmisch und sanft zugleich – und mir selbst oft ein Rätsel ...

BIANKA

Bin ich der Familienvater, der wochenlang grübelte,
ob ich ein Zuhause bei einer Zwangsversteigerung für
uns erlangen darf?
Nun bin ich der, der einem Verschuldeten eine Last
abgenommen hat.
Gestern war ich der Vater, der in die Notaufnahme
raste wegen eines allergischen Schocks.
Heute bin ich wütend und sauer auf den Fehler
anderer, die mein Kind hätten umbringen können.
Morgen muss ich ein Haus renovieren.
Wenn ich heute nicht die Kirschblüte schätze,
muss ich ein Jahr warten.
Jetzt einen Kinderpopo abputzen.
Die Rotlichtlampe ruft, ich bin gerade krank.
Ich röste meinen Kaffee und genieße die Verschwen-
dungssucht der Magnolienblüte.
Was halten Sie von Sterbehilfe, werde ich von Schülern gefragt und denke an meinen Vater, den sie
nicht haben sterben lassen.
Der, der darüber trauert, dass weltweit Hundert-
tausende Jahre Unmengen an Atommüll sicher geschützt
werden müssen und es Menschen gibt, die das „normal"
finden. Welch ein Irrsinn dieses Leben.
Morgen bin ich wieder im Büro, morgen werde ich der
sein, den ich heute noch nicht kenne.
Wie aufregend!

MICHAEL OHL

Ich, 17 Jahre, bin mehr als 1000 Zeichen in einer kalten un-
persönlichen E-Mail, denn meine Lebensfreude ist so groß,
dass sie selbst in Schriftgröße 90 nicht zum Ausdruck käme.
Meine komplexe und kreative Art zu denken könnte nicht einmal in buntgestreiften chinesischen Schriftzeichen gespie-
gelt werden. Doch in all der Überheblichkeit bin ich auch
nicht viel mehr als ein kleiner Mensch mit pochendem Herzen,
der sein eigenes Leben egoistisch in den Mittelpunkt stellt,
um in dieser kalten, bösen Welt seine Träume zu verwirkli-
chen und versucht, einfach glücklich zu werden.

L. S. S.

Ich
Weibl*ich*
Christl*ich*
Glückl*ich*
Freundl*ich*
Ehrenamtl*ich*
Verantwortl*ich*
Fröhl*ich*
Ungefährl*ich*
Zärtl*ich*
Ausgegl*ich*en
Gastfreundl*ich*
Herzl*ich*
Höfl*ich*

Nachdenkl*ich*
Pünktl*ich*
Verlässl*ich*
Gemütl*ich*
Facettenre*ich*
Nachs*ich*tig
Fürsorgl*ich*
Verlässl*ich*
Unbeschreibl*ich*
Ich

ALMUT S.

Ich bin Tochter, Schwiegertochter, Mutter, Ehefrau, Oma, Arbeitskollegin, Freundin und, und ... All das bin ich gern. Doch dabei hatte ich fast das eigene Ich verloren. Seit ich es wieder gefunden habe, bin ich alles andere noch viel lieber.

ANONYM

Ich bin Zwillingsschwester!

AGNES WANSING

Alltagsschauspieler...

Kreativer Kopf...

(Lebens)Künstler...
(Wandlungs)"

ZUKUNFTSGESTALT

WER BIN

Freundin...

Kumpel...

Geliebte...

Ein Individuum
(mit besonderen Bedürfnissen)...

76

Ich bin eine stolze Mutter eines acht Wochen alten Jungen. Ich füttere ihn, mache ihn sauber - voller Fürsorge.
Ich tröste und wiege ihn in meinen Armen - voller Zuneigung.
Ich bin müde.
Die Nächte sind kurz, der Schlaf ist mehrfach unterbrochen. Dennoch bleibe ich stets - voller Geduld.
Ich bin eine treue Ehefrau. Versuche, ihm eine gute Stütze zu sein, ihn den Rücken freizuhalten - voller Hingabe.
Versuche, ihn immer wieder aufs Neue kennenzulernen - voller Neugier.
Ich bin leistungsorientiert, möchte mein Geld durch sinnvolle Tätigkeiten verdienen - voller Motivation.
Ich bin eine verlässliche Freundin. Unternehmenslustig - voller Energie.
Und manchmal bin ich nichts von alldem - voller Angst.
Und sehne mich nach einem stillen, ruhigen Ort. Dort, wo ich endlich ich sein kann - ohne die anderen!?

ANONYM

Noch vor vier Wochen hätte ich diese Frage fast spielend beantworten können. Ich bin Iris, die Regenbogengöttin, die Himmel und Erde miteinander verbindet. Nein, ganz im Ernst, ich glaubte, eine Identität zu haben. Single-Frau mit Dauerliebhaber und 2 Katzen, beruflich selbstständig mal mehr, mal weniger erfolgreich. In Deutschland geboren, von einer deutschen Mutter und einem griechischen Vater. Immer im Kampf mit dem griechischen Teil in mir. Und dann am 8. April 2011, die Sonne scheint, ich sitze mit meiner Mutter auf der Terrasse und bereite gedanklich schon mal Kaffee und Kuchen vor. Da sagt sie es, ohne Vorwarnung: „Der Papa ist nicht Dein Papa, also nicht Dein Erzeuger."

Meine Wahrnehmung verdichtet sich, so wie in „slow motion", was auch immer ich gerade fühle, ich fühle alles auf einmal in einer nie dagewesenen Intensität. Meine ganze Identität, die letzten 40 Jahre, eine Lüge!

Und nun bin ich doch immer noch ICH und doch hat sich alles verändert.

Franzose ist er und weiß nicht einmal, dass es mich gibt. Und so mache ich mich nun auf die Suche nach der neuen, nach der französischen Iris in mir. In der Hoffnung, meinen echten Vater und seine/meine Wurzeln im Außen zu finden.

IRIS M.

Ich bin kein Jesus Freak, aber ich liebe ihn.

Bin 80 Jahre alt und stark gehbehindert. Ich freue mich über den neuen Frühling. Als ich noch in den Wald gehen konnte, habe ich gerne Bäume umarmt, mich lange an ihren Stamm gelehnt und die Kraft gespürt, die von den Bäumen ausgeht. Jetzt kann ich das schon lange nicht mehr. Grüßen Sie die Bäume von mir, wenn Sie in den Wald gehen!

MARTINA TOBIES

Ich bin der letzte Spross
einer aussterbenden Familie.

Ich bin ein verhinderter
Lebenskünstler.

VERA PRUDENT AUS BERLIN

Ich bin nicht leicht. Mich zu ertragen, ist oft sehr schwierig - mir fällt es häufig auch schwer. Ich spüre mein Alter daran, dass ich mir nicht mehr so sicher bin wie früher. Meine Meinungen sind instabil geworden, alles kann sich so schnell ändern. Eins ist sicherer geworden: mein Glaube an das Gute im Menschen.
Ich bin ganz häufig glücklich.

RAINER

Ich bin Lebensästhet.

JONATHAN H.

Ich bin eine Soccer mom!
Weil ich seit beinahe fünf Jahren meinen Sohn zu Fußballspielen begleite und mich die Freude eines Sieges und die Trauer einer Niederlage mindestens genauso beschäftigen und erregen wie meinen Sohn. Weil ich viele Stunden in Hallen verbringe, am Spielfeldrand stehe, bei umständlichen Medaillienübergaben ausharre.

Weil ich selbst Kuchen backe und verkaufe oder Kuchen und Würstchen esse, um alle möglichen Vereinskassen zu füllen. Und natürlich auch, weil ich jetzt alle Vereine der ersten Bundesliga und deren Trainer kenne und unzählbare Spiele und selbstverständlich alle Spieler, die jemals und aktuell bei Bayern München (dem Lieblingsverein meines Sohnes) spielen und spielten, und ich mehr über Fußball spreche als über tausend andere denkbare Themen - und dies alles noch vor zehn Jahren niemals für möglich gehalten hätte. Liebe geht nicht nur durch den Magen, sie führt auch auf den Fußballplatz.

BEATRIX SIEBEN AUS BAD NEUENAHR-AHRWEILER

Ich bin Endstationen-Liebhaberin.
S-Bahn Richtung Spindlersfeld, Tram Richtung Rosenthal Nord: Wenn ich so etwas sehe, pikt mich die Neugier. Wie es dort wohl aussieht? Dann fahre ich am Wochenende eben bis zur Endstation und gucke.
Manchmal ist es enttäuschend. Manchmal überraschend schön.
Meist gehe ich dann zu Fuß wieder in die Stadt hinein. Das Weiteste war einmal 37 km. Villen- und Arbeiterviertel, Industrie- und Einkaufgebiete, Bau- und Brachstellen wechseln sich ab. Dieses Durchlaufen meiner Stadt bringt mich ihr und den Menschen, die hier leben, näher.

ANTJE AUS BERLIN, PRENZLAUER BERG

Wer bist ~~Du~~ ? JCH!

vertrauensvoll?
facettenreich?
belastet
glücklich?
sensibel?
freundlich?
individuell?
naiv?
Tochter
schön?
geliebt
nervig?
mitfühlend?
stark?
selbstbewusst?
humorvoll?
zufrieden?
sicher?
lebenswert?
lustig kreativ?
ruhig?
aufgebracht?
Schülerin
erfolgreich?
vertrauensvoll?
Mutig
offen?
wundervoll
traurig?
frei?
Schwester
ehrlich?
optimistisch?
unsicher??
ängstlich?
liebevoll?
frech
eigenständig?
Freundin
alles in einem!

Bauchtänzerin
Philosophiestudentin
Leckermaul
Gleitschirmfliegerin
Zuhörerin
Lebenspartnerin
Kaninchenliebhaberin
Labertasche

MARESA

Mein Mann sagt: „Du bist meine kleine Schnabeltasse. Aus dir trinke ich mein Lebenselixier." - Bin ich also eine Schnabeltasse?

INGRID H.

„Ich bin ein Stotterer" - das war seinerzeit ein sehr wichtiger Satz für mich. Ganz stolz begann ich damit das erste Gespräch in einer Stotterer-Therapie. Stolz deshalb, weil vorher Verstecken, Vermeiden und sozialer Rückzug mein ganzes

Leben und Verhalten bestimmt hatten. Und erst in Selbsthilfegruppen für Stotternde hatte ich gelernt: Lieber stottern als schweigen!

Selbstbehauptung mit und trotz stotternder Sprechweise! Ein Riesenschritt ... Im weiteren Verlauf hatte der Therapeut einige Mühe, mir klarzumachen: „Unter anderem stottern Sie! Das ist aber nicht Ihre wichtigste Eigenschaft!"

Wie wahr. Gott sei Dank. Heute beantworte ich die Frage „Wer bist du?" deshalb ganz anders. Stottern behindert – aber nur beim Sprechen! Klingt vielleicht nicht sensationell? Für mich schon.

LUDWIG WERLE AUS DAUN

Ich bin ein glückliches junges Mädchen, das manchmal voller Trauer ist. Viele Freunde und Familie hat – und sich trotzdem manchmal einsam fühlt. Eine dankbare Person, die aber auch mal wütend und enttäuscht ist. Jemand, der gerne gibt und teilt – und doch ganz schön egoistisch sein kann. Ich bin ein Mensch.

ANNA

Ich bin das geliebte Adoptivkind meiner Mutter, die das von Natur aus nicht sein durfte, es aber immer war, mit großem

Herzen und viel Zuversicht. Sie hat mich gelehrt, was ein glückliches Kind ist.

Vermutlich bin ich deshalb einer geworden, der begeistert mit Kindern und für Kinder arbeitet. Dankbarer sein kann ich nicht. Ich bin beschenkt worden. Meine Mutter ist jetzt 97 Jahre alt, schwer dement, aber immer noch voller Freundlichkeit und innerer Ruhe.

MATTHIAS WEGENER

Müde Mama. Ohne Träume? Nein, mit fernen Träumen und nahen Zielen. Und vielen Herausforderungen. Und bald wieder munter!

ANONYM

Ich bin diejenige, die eine SMS schreibt oder zum Telefonhörer greift, wenn sie sich einsam fühlt. Ich bin diejenige, die vor Geburtstagsfeiern und Gruppensammlungen flieht, wenn sie sich bedrängt fühlt. Und ich bin diejenige, die versucht, die Zustände „einsam" und „bedrängt" auszutarieren, um die Mitte zu finden. Nennen das dann die Psychologen „Sich-selbst-sein"?

ANONYM

Deutscher

Fußb-A ll fan

Ich heiße S amyr

B esonders Musikalisch

Witz J g

Zehn N Jahre alt

Ein E J nzelkind

S C hlau

Sparlich H

88

Manchmal wäre ich gern jemand anders oder einfach jemand oder
einfach anders.

BETTINA ZELLNER

Voller Dankbarkeit bin ich, 76 Jahre, „das gelungene Produkt
der Erziehung meiner Mutter".

ILSE-MARIE T.

Münsterländerin.
Seniorin mit fünf Kindern, neun Enkelkindern.
Um Glauben Bemühte,
das Leben Schmeckende,
das Leid Sehende und sich ohnmächtig Fühlende.
Katholikin.
Gewesene Märchenerzählerin für neun Geschwister.
Ehemalige Lokalzeitungsreporterin und -fotografin für
dreißig Jahre.
Eifrige Leserin von Büchern und Zeitungen.
Mutter einer behinderten Tochter.

Liebhaberin von Witz und Satire.
Krisenerfahrener Mensch.
Beschränkte Welterklärerin für eine Fünfjährige.
Ehemalige Pfadfinderin.
Manchmal nervende und manchmal hilfreiche Ehefrau.
Hin und wieder eine Hilfsmöglichkeit Erkennende in den
Widrigkeiten des Lebens.

M. S.

Ein Mann
mit dem Ziel,
das Leben zu genießen,
offen und freudig,
bedenklich und abwartend,
dynamisch und entspannt,
mit keiner Angst
vor der Zukunft.
Trommler in der
zweiten Reihe
mit einem
unvergessenen Paukenschlag
im rechten Moment.

C. P. AUS BERLIN

Ich bin Krankenschwester, 47 Jahre alt und seit 27 Jahren glücklich verheiratet, die meiste Zeit glücklich. Vor zwei Jahren verliebte ich mich in meine Physiotherapeutin. Nach vier Monaten Affäre entschied ich mich für sie. Inzwischen sind wir durch viele Hoch und Tiefs gegangen. Meine zwei Töchter (22 und 26 Jahre) haben sich von mir entfernt, was sehr wehtut. Einen Enkel bekam ich vor neun Monaten. Das klingt alles nicht so sehr nach Glücklichsein, aber ich bin dankbar, dieser wundervollen Frau begegnet zu sein und mit ihr zu leben. Dankbar bin ich auch meinen Eltern und Geschwistern, die zu uns stehen und mir Kraft geben.

S.K. AUS SCHWERIN

Ich bin Frau. Ehefrau. Mutter von zwei fast erwachsenen Töchtern. Ich bin Mensch. Alles andere ist nur scheinbar und allenfalls vorübergehend von Bedeutung. Bin ich hier richtig? Ich bin nicht überzeugt von Religionen. Ich bin die, die nur an die Selbstwirksamkeit des Menschen glaubt. Je eher der Mensch weiß, selbst und aus eigenem Antrieb etwas bewirken zu können, desto mehr bewirkt er – Gutes und Schlechtes. Der Mensch denkt und lenkt oder lässt es eben sein. Den Rest erklärt die Naturwissenschaft. Wenn es denn sein müsste, wäre ich für eine einzige „Weltreligion", die ohne jeden Gott auskommt und nur einen einzigen Satz beinhaltet – eine simple Volksweisheit: Was du nicht willst, das man dir tu, das füg auch keinem Andern zu. Punkt. So einfach. Die Welt wäre das Paradies. Ich bin Mensch, der an den Menschen glaubt und von dessen Schwächen weiß.

CLAUDIA K.

Wer bin ich?
Hm. Gute Frage.
Und unmöglich, sie zu beantworten.
Wer bin ich, dass ich das feststellen kann?

ANONYM

Ich bin ein weichgekochter Calvinist – büchersüchtig, schreibwütig, chilluntauglich.

KLAAS HUIZING, SCHRIFTSTELLER

Ich bin –
– mehrmals erstaunt über den Morgen, der mich täglich weckt. Fortwährend dem Versuch erlegen, meine Zeit zu nutzen. Mehrfach gelobt von Eltern und Vertrauten, aber häufig getadelt

von Vorgesetzten und Freunden. Oft sensibel, wenn es jemandem schlecht geht und durchweg humorlos, obwohl niemand meine Witze hört. Öfter dickköpfig und regelmäßig dem falschen Buch hingegeben, weil ich meinte, es würde mir gefallen. Unaufhörlich neugierig und in meinen Fragen vielmals missverstanden. Jedes Mal unverbesserlich, solange ich die falschen Worte benutze. Erneut die Liebe meines Herzens vergeblich anrufend, dass ich nur noch zahlreiche Moleküle bin. Ständig. Stets. Stetig.

Auf keinen Fall bin ich reich und niemals hungrig. Unmöglich anderen gegenüber und wohl kaum Dein Geh-her-da! Keineswegs Schalke Fan, trotzdem nicht fanatisch. Ausgeschlossen modebewusst und bestimmt nicht arrogant, oder? Keinesfalls aggressiv aber unter keinen Umständen gefügig. Nie. Nimmer. Nicht.

Manchmal bin ich unmenschlich und permanent Mensch. Selten. Ewig. Gelegentlich.

J.-C. B. AUS TÜBINGEN

Das frage ich mich jeden Tag. Wer bin ich eigentlich? Meine Fußnägel sind schon seit Jahren rosa. Ballerinas und Röcke trage ich noch nicht so lange. Schwimmen ist noch immer meine große Leidenschaft. Früher war ich ein Mauerblümchen. Alleine verreisen ist jetzt kein Problem mehr.

Ich bin nicht mehr die, die ich war und noch nicht die, die ich sein werde. Oder anders ausgedrückt: Jeden Tag veränder

ich mich, entdecke neues, weiß nicht, was noch alles in mir steckt. Ich bin die, die liebt und lacht, die, die weint und leidet, die, die träumt und hofft, zweifelt und zögert, sich sehnt und wünscht, sich jeden Tag neu entdeckt und damit weiß: ich bin.
Was bleibt, was geht, was kommt?

NICOLA KÖHLER

Möglichkeiten.

B. MAASSEN

Würde man einen Unbekannten fragen, würde er wahrscheinlich sagen: eine attraktive, mit beiden Beinen im Leben stehende Karrierefrau Anfang 40. Erfolgreich und ihr Weg aus der bayerischen Heimat in die Modemetropole Düsseldorf für sie passend. Nur Personen, die hinter die Fassade schauen, werden den anderen Menschen in mir erkennen.
Als kleine Kinder gingen mein älterer Bruder und ich jeden Sonntag zur Messe. Nicht getrieben und ermahnt, sondern aus Selbstverständlichkeit. Schon damals wirkte die kirchliche Gemeinschaft beschützend auf mich. Durch manche Tiefen in meinem späteren Leben ging ich nur gestärkt hervor, da ich

in diesen Phasen meinen Glauben an Gott nie verlor. Die wöchentliche Samstagsmesse gab mir Halt. Ich fühlte mich von Gott beschützt, dass Gott mich auf allen Wegen des Lebens begleitet. Nie verleugnete ich meinen Glauben und meine Verbundenheit mit der Kirche. Ich spüre in diesen Momenten eine innere Kraft, wenn Personen mich fragend und verwundert ansehen auf den Satz: Ja, ich bin religiös. In einer Zeit, in der Kirche und Glaube bei vielen nicht „in" ist. Glamour und Glaube. Ich werde beschützt.

GABRIELA MARIA SCHMID

Ich bin ein Relikt. Ich liebe klare Verhältnisse, Respekt vor dem Anderen, sich an Vereinbarungen zu halten, Aufrichtigkeit, Ordnung (wenn sie mir auch schwer fällt), wenn Kinder aufräumen ... Alles unmodern geworden.

HILLE THOMSEN

Ich bin ... Anna
Ich bin – mein Sohn. Ich liebe meinen Sohn!
Ich bin – eine Liebhaberin. Ich liebe meinen Freund!
Ich bin – mein Beruf. Ich brauche die Aufgaben,
die Verantwortung und das Geld!

96

Ich bin – ein Teil meiner Familie. Ich brauche sie und
sie sind meine Herkunft.
Ich bin – ein geselliger Mensch. Freunde inspirieren
und zeigen immer wieder neue Facetten im Leben.
Ich bin grün, verantwortungsvoll und bewusst.
Ich bin kreativ und engagiert.
Ich bin lustig, humorvoll, liebevoll und liebestoll.
Ich bin prall vor Leben!
Ich bin gespannt, was dieses Leben noch für mich bereithält.

ANNA

Ich bin Eva, bei meiner Arbeit auch Eva-Maria im Mail-Account,
aber nur im Job, sonst einfach Eva. Und Mutter einer wundervollen Tochter, Vera, 21, Studentin und Tierretterin. Ich bin
eine große Pflanzenfreundin und kämpfe für das Wachstumsrecht
fast jeden Kräutleins in meinem Garten, besonders aber für die
alten, fast vergessenen Heilkräuter. Dann bin ich noch Lehrerin
und Therapeutin für Systemische Therapie und Geliebte und Tochter und Teetrinkerin und Vegetarierin und aktiv gegen Atomkraft.
Ich trage den ganzen Tag den „Atomkraft – nein danke"-Button und
ernte viel positive Resonanz bei den Jugendlichen.
Ich bin glücklich, auf diesem Planeten leben zu dürfen und
freue mich über den zauberhaften Frühling und die vielen
kleinen Leberblümchen unter meinem Johannisbeerstrauch.

EVA

Ich habe mein Gedächtnis verloren. Ein Fahrradunfall.
Einfach weg. Und dann im Krankenhaus. Mit Hirn-
blutungen. Zunächst sechs Tage Koma voller Hoffnung
und Bangen: große Bilder, schöne Stücke und bizarre
Momente.

Und die große Frage: Bleibe ich oder sterbe ich? Und
dann wieder aufwachen. Und ein komplett anderer. Und
die Frage: Was bleibt? Wer bin ich? Kann ich wieder
laufen? Kann ich wieder ich selbst sein? Kann ich wieder
lieben und leben? Hilflos angewiesen auf Menschen, die
mir helfen. Und die mit mir sprechen, obwohl ich nicht
sprechen kann: Geheiratet? Doktor? Museum? Und neue Fragen: Und wo ist mein Geldbeutel? Wo soll ich hingehen?
Was mache ich eigentlich hier? Und wie geht es weiter?
Ein großes, großes Rätsel.

Ich weiß immer noch nicht, weshalb unser Leben sich in
einem kleinen Moment komplett so verändern kann. Ich
vermute, dass wir es erst wissen, wenn wir unser eigenes
Stück am Ende als festes Drehbuch bekommen. Bis dahin
müssen wir wohl noch ein bisschen selbst sein.

DR. FRANK MORATH, KÖLN

Wenn ich wüsste, wer ich bin, wäre ich einen großen Schritt weiter. Aber ich bin der, der sich selbst noch finden wird.

ANONYM

Oft finde ich mich schwierig. Dann will ich vor mir fliehen, von mir Urlaub machen. Doch das geht leider nicht. Klar. So muss ich immer wieder lernen, mit mir zurechtzukommen. Und: mich mit mir versöhnen.

MANUEL AUS KARLSRUHE

Bikulturell – Japanerin und Deutsche.

Abenteuererin – das ist aufregend.

Einzelkind – habe leider keine Geschwister.

Vegetarierin – habe das Motto der Fastenzeit letztes Jahr fortgeführt.

Tokyoterin – bin hier aufgewachsen.

Evangelisch – hatte meine Konfirmation in unserer kleinen Gemeinde hier.

Dalí-Fan – seine Kunstwerke sind wunderbar.

Schwimmerin – das macht Spaß.
Weltenbummlerin – Reisen ist toll.
Dramaqueen – Mitglied der Theatergruppe.
Erdbeerenliebhaberin – die schmecken immer gut.
Das nette Mädchen von nebenan.

Y. D.

Ich weiß noch nicht, wer ich bin – aber weiß man das jemals?
Ich bin eine, die auf der Suche ist und den Mut hat, sich auf
neue Situationen einzulassen, die sich jeden Tag ein Stück
mehr findet und doch ständig in der Schwebe ist, um veränder-
bar zu bleiben. Ich glaube, das Leben ist so: immer ein bisschen ein vertrauensvolles Wagnis.

XENIA AUS BERLIN

Ich, männlich, 45, bin – seit 4 Jahren ohne Arbeit. „Arbeits-
suchend" soll man es euphemistisch nennen. Doch wo finde ich
sie?

ANONYM

Wer bin

www.

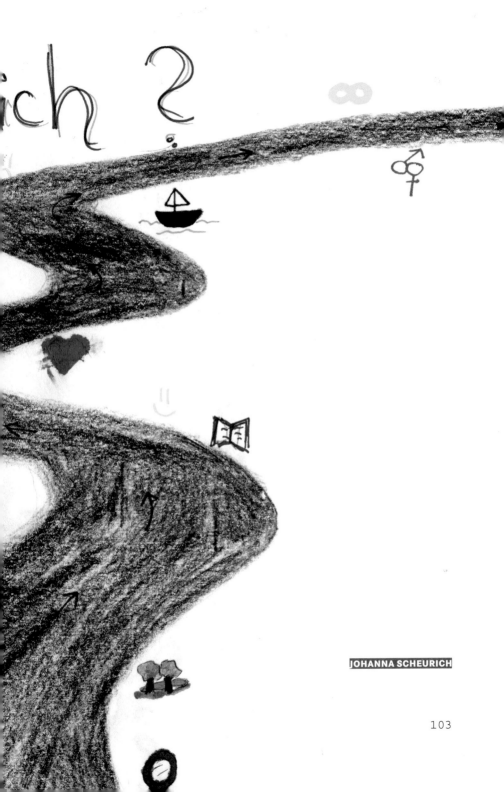

JOHANNA SCHEURICH

103

Sprechstück für 1 Rapper

Wer ich bin, ich bin nur ich
Bin weder Fleisch noch bin ich Fisch
Bin Käufer Interessent Verehrer
Genießer Lutscher Kriegsverwehrer
Trinker Raffer User Shoppper
Likebuttondrücker Emo Popper

Geborener Erlöser Gänger
Teilnehmer Leser Fopper Fänger
Retter Homo Schimpfer Dealer
Tauber Stummer Puffer Schieler
Opfer Hopper Nihilist
Käufer Kläger Fan Faschist
Schreiber Händler Hopper Henker
Wiederkäuer Kratzer Spender
Vater Mutter Konsument
Fischer Streber Destruent
Betroffener Experte Kriecher
Verseher Geher Liebster Lenker
Geschädigter Geheilter Kranker
Gelähmter Wunder Dichter Banker
Redner Streuner Querlant
Fleichbeschauer Ministrant

Aufforderer Monologisierer
Dikatator Pauker Reservist
Handelnder Orientierer
Schüler Mischer Masochist

Akzentsetzer Doktor Verlierer
Sadist Anforderer Blockierer
Experte Prediger Benutzer
Sesselpupser Nestbeschmutzer

Schächter Schänder Blinker Bucher
Schenker Nässer Träger Sucher
Kaffeekocher Witzemacher
Altweltaffe Zeugnisarmer
Geizer Gärtner Opportunist
Beischläfer Monotheist
Käufer Gläubiger Bekehrer
Kriecher Kräher Leier Lehrer
Trinker Dilettant Verseher
Kaffeekocher Nixversteher
Pfennigpfeiffer Feuerfurzer
Gutgläubiger Blütenzupfer.

TINA P.

Ich, 43 Jahre, bin hauptberuflich erziehende Mutter von vier
Kindern. Taktgeberin im Alltag. Strukturbringerin für die
Überschneidungen in sechs Einzelleben. Frustriert, wenn die
Einzelrhythmen nicht zum Takt passen. Begeistert von den in-
dividuellen Höhenflügen. Auf der Suche nach dem, was von mir
bleibt. Harmoniesüchtig. Eine „Genau-Wissen-Wollerin". Un-
schuldige Besserwisserin. Absolut entscheidungsunfreudig,

wenn jede Entscheidung unangenehme Konsequenzen birgt.
Sportlich. Gefühlt jung, auf der Suche nach Gelassenheit und
Altersweisheit, aber bitte ohne alt zu werden. Der Zahn der
Zeit nagt. Die immer gleichen Fragen immer wieder neu stel-
lend und beantwortend. Im Kreise drehend oder auf einer Spi-
rale in Bewegung? Glücklich. Unglücklich. Optimistin – aus
pessimistischer Perspektive.

URSULA H.

Ich, 40, bin Mensch
bin Christ
bin Mutter
bin Tochter
bin Partner
Ich bin eine gute Seele
bin graue Masse
bin Beton

Ich bin ein Jammertal
Ich bin Sonntagskind
Ich bin Optimist
Ich bin Mensch

SABINE AUS MÜNCHEN

Leseratte und Musikliebhaberin.

Unsympathien-auf-sich-Ziehende und Vertrauensperson.

(Nach-)Denkerin und kreativer Kopf.

Planerin und Spontaneität-Befürwortende.

Fußball-Fan und Fußball-Desinteressierte.

Angsthase und Mutige.

Unterhalterin und Zuhörerin.

Verständnis-Habende und Nicht-verstehen-Wollende.

Sonnenanbeterin und Regen-Liebhaberin.

Chefin und Angestellte.

Reisende und Heimatverbundene.

Interessierte und Gelangweilte.

ANONYM

Ich bin Nachdenker, aber kein nachdenklicher Mensch.

Soll heißen, ich mache mir nicht unnötige Sorgen durch zu viel Grübeln. Ich belasse es lediglich nicht beim bloßen Denken, sondern hake nach – denke nach – nachdenke. Und zwar, weil es a.) Spaß macht und b.) mit etwas Glück weise macht.

Wenn es mal ans Ende geht, wiegt Weisheit mehr als alles Gold der Welt. Weisheit braucht aber seine Zeit, deshalb kann man mit dem Nachdenken gar nicht früh genug beginnen.

CHRISTIAN WIDDER

Ich bin dick, aber doch dünn. Ich bin Frau, Mama, Tochter und Schülerin. Ich bin berufstätig, aber berufslos. Ich bin Deutsche, aber Ausländerin. Ich habe kein Geld auf meinem Konto, ich bin aber nicht arm. Ich bin Künstlerin, ich male, meine eigene Zukunft. Ich bin ein Kind Gottes. Ich bin frei!!!

JULIET RÜBSAM AUS ISNY IM ALLGÄU

Ich bin sehr stolz und glücklich. Ich bin der Papa von Stephanie, die heute Fahrrad fahren gelernt hat. Am Abend lag sie im Bett, seufzte und sagte: „... und was, wenn ich das alles nur geträumt habe?"

JAN RÜBSAM AUS ISNY IM ALLGÄU

Ich bin auf der Suche nach meiner verlorengegangenen
Fröhlichkeit.

EVAMARIE

Ich bin: Jettes Mama

Ihren Aufruf lese ich, während ich im Schlaflabor neben meiner
4 Monate alten Tochter sitze und darauf warte, dass sie für die
nächtliche Beobachtung verkabelt wird. Früher habe ich mich
über jede kurze Schlafunterbrechung aufgeregt, heute ist es
selbstverständlich, dass ich die ganze Nacht neben Jettes Bett
wache. Früher wäre ich an einem Abend wie heute wahrscheinlich
in einer Lesung gewesen, bei einem Geschäftsessen, zum Essen
bei Freunden, im Biergarten oder auf einem Konzert. Früher war
ich Kinogängerin, Produktmanagerin, Gastgeberin, Gesprächs-
partnerin, Bücherliebhaberin und Genießerin. Heute bin ich vor
allem eines: Jettes Mama. Und ich bin es gerne.

SABINE PAULI

Wer bist du? Wer bin ich? Wer sind wir? Was wissen wir?
Man sagt, Riesenschnauzer werden maximal zwölf Jahre alt.
Romeo war dreizehn, als er krank wurde, altersbedingte Vor-

schädigungen wie ein Hüftleiden sowie eine eingeschränkte Nierenfunktion inbegriffen.

In diesem Fall – der Tierarzt kraulte den Hund gerade an der Brust – würde er zu einem homöopathischen Mittel raten. Wegen des Nierenschadens, auch wegen seines Alters und der Nebenwirkungen harter Medikamente.

Ich war skeptisch, schließlich war ein Hund ein Hund und wusste nichts von homöopathischen Verdünnungen oder Placebo-Effekten. Kann etwas wirklich helfen, was medizinisch – also wissenschaftlich – nicht nachweisbar ist, sich also lediglich als nicht stoffliche Information oder Wissen oder ... Geist in einer Substanz wiederfindet?

Wenn doch, würde das nicht auch bedeuten, dass sich alles Lebende in einem ständigen Dialog mit diesem Geist befindet, ob man nun daran glaubt oder nicht?

Blitzt hier nicht die Idee des Geist-Gottes über den Horizont des Unfassbaren?

Romeo jedenfalls genas und wurde quietsch fidele vierzehneinhalb Jahre.

WOLF RÖSE

Vor allem fällt mir ein: Irgendwann musst du einer sein!
Zuerst probiert man sich aus, lange Haare, kurze, normale Klamotten, dann auch freestyle; immer anders, immer verrückt. Äußerlich wie innerlich. Dann wird man älter. Gesetzter. Mag sein. Die anderen gucken komisch, wenn man sich auch

im Alter nicht einmal großartig, doch aber verändert. Veränderung wird leider oft negativ bewertet. Ein großes Wort, welches mir mein Professor zum Beginn des Studium mit auf den Weg gegeben hat, war die Lebenseinstellung John Henry Newmans: „Leben heißt sich wandeln, und vollkommen sein heißt, sich oft gewandelt haben." In diesem Sinne versuche ich, den Ruf des Lebens ernst zu nehmen und auf diese oft nicht einfache, sicherlich persönlich herausfordernde Weise ... äußerlich wie innerlich ... einer zu werden.

MARIO JOHNEN

Schreibende, Lehrende, oft Schlaflose. Ideenschleuder. Umtriebige (ein unschönes Wort!) mit Liebe zum einsamen Schreibtisch. Aber auch da: Ruhelose. Eine Empfindliche (oft). Wahlberlinerin mit Zweifel. Zweifel? Zweiflerin! Gastgeberin. Ehemalige Kennerin der zeitgenössischen Kunst (abgehängt). Pubertätverstecherin, Zuschauerin: im Leben mit offenem Mund, im Theater mit hoffentlich geschlossenem. Realistin. Ästhetin. Kompostdilettantin, Pflanzamateurin, kritische Konsumentin. Bergsteigerin mit 6000er Erfahrung und Familienerbe, überhaupt: 43. Cousine! Mutter einer Tochter, Patchworkfamilienmitglied, manchmal Geliebte, manchmal Partnerin, Freundin von Freundinnen, Freunden und Paare, Schwester. Patin. Leserin. Sibylle-Fan, Berg und Lewitscharoff. Noch mehr: Fan von Fichte, Herzog, Rimini-Protokoll, Francis Alÿs und der Arbus. Katholikin (unerfüllt),

gefühlte Protestantin (manchmal). Tochter ungleicher Eltern. Klosterschülerin. Jemand, von dem sie sagen: „Ein un-
ruhiger Geist".

U.R.

Ich bin Auszubildende auf der Suche nach dem Glück namens
Liebe!

ANONYM

...kurz davor, auszuwandern.

ANDREAS BRÜGER AUS GÖTTINGEN – BALD NEUSEELAND

Ich bin Samuel und 7 Jahre alt. Meine Mama sagt, sie kann ohne
mich nicht leben. Mein Papa sagt, er will bald wieder mit mir
verreisen. So unter Männer. Meine Oma bringt mir immer Scho-
kolade mit oder Spielzeug. Das regt meine Mama auf, weil sie
meint, ich werde von Konsum überschüttet und das ist nicht
gut. Auch für später. Später will ich ICE-Zugführer werden.

Dann sehe ich ganz viele Städte. Das ist spannend. Und eine
Schwester habe ich auch, die ist fast 3 Jahre und will immer
mit mir Puppen spielen. Manchmal mache ich das auch. Aber
nicht so gern.

SAMUEL G.

Als wir Kinder waren, wurde uns erzählt, dass es einen Vater
Staat gibt. Einen fürsorglichen und verlässlichen Vater und
dass dieser niemals Konkurs gehen könne.
Heute heißt es, dass es da und dort schon Staaten gibt, die
Konkurs gehen.
Der Unsrige allerdings nicht!
Doch kommen nicht auch verlässliche Väter in die Jahre und
wiederholen heute, was sie schon früher gerne erzählten? Um
diese älter werdenden Väter werden wir uns eben sorgen und
kümmern müssen. Und nicht alles Gesagte so wörtlich nehmen,
denn es könnte aus einer ganz anderen Zeit stammen.

W-D R

Eine sich-jeden-Tag-aufs-Neue-über-meine-Kinder-Freuerin.

SABRINA JOST AUS SCHÖNECK

TREIBHOLZ
aus dem
Meer der
EWIGKEIT
STRANDGUT
am Ufer
der ZEIT

7/7

ANTON BÄUMER

115

Ein moderner Sklavenarbeiter.
Oder neudeutsch: ein Zeitarbeiter.

Wer bin ich?
Immer noch und immer wieder bin ich eine Zweiflerin.
Das tut weh und das macht das Leben anstrengend.
Aber - so groß wie der Zweifel ist auch die Sehnsucht danach,
zu vertrauen und mich zu überlassen,
Gott und dem Leben.

Wer bin ich?
Vormittags bin ich eine aufstrebende Wissenschaftlerin.
Nachmittag bin ich Unkrautjäterin, Seifenblasenpusterin
und Mutter von Lukas, Daniel und Charlotte. Am frühen Abend
bin ich Vorleserin. Am späten Abend arbeite ich an leben-
digen Lernorten.

Und mitternachts bin ich Traumtänzerin.
In meiner Freizeit bin ich Schwertkämpferin, Reiterin, Köchin und Bloggerin.
... Ich bin Liebende und Geliebte.

ANNABELL ELSNER

Ich bin optimistisches Kind pessimistischer Eltern.

DARIA P.

Ich bin Charlotte. Ich bin 8 Jahre alt und gehe in die 3. Klasse. Meine beste Freundin ist Sara. Jeden Nachmittag spielen wir zusammen. Meine Lieblingsfarbe ist rosa. Am liebsten esse ich Pizza. Sonntags besuche ich oft mit meinen Eltern den Gottesdienst. Meine Eltern hören den für Große, ich gehe zu den Kleinen. Wir hören immer spannende Geschichten aus der Bibel und singen viel. Zweimal im Jahr führen wir ein Stück auf. Zu Weihnachten das Krippenspiel. Ich freue mich schon auf die Sommerferien, da fahren wir wieder an die Nordsee.

CHARLOTTE

chrismon
„WER BIST DU?"
POSTFACH 500 550

60326 FRANKFURT /am Main

WER ICH BIN?

ICH BIN ICH

...und das soooo gerne!   WALBURGA von WALDESLUST

Manchmal möchte ich schreien vor Wut. Dann suche ich mir eine blühende Wiese, lege mich hinein, und alles kommt wieder ins Lot.
Dumm nur, dass es im Winter keine blühenden Wiesen gibt.

THEODOR

Ich bin immer ein anderer. Für meine Freundin der Allrounder. Für meine Schwester der Spaßvogel. Für meine Eltern der Undurchschaubare. Für den einen Freund bin ich Zuhörer – für den anderen ein ständig Quasselnder. Für meine Fußballkumpels der Kämpfer. Für meine Kolleginnen und Kollegen der Ruhige, der manchmal ausrastet. Und für mich? Ein immer anderer?

KURT W. AUS ESSEN

Wer ich bin, wer wir Menschen sind, wissen wir nicht und werden es auch nie wissen. Es macht mich rasend, dass wir es nicht wissen werden. Mein Onkel, der Pfarrer ist, sagte einmal, als der existenziell gedankliche Punkt des Stillstandes erreicht war: Stell dir vor, im Pfälzer Wald krabbelt eine Ameise – und die weiß nicht, dass es eine wunderschöne Insel auf Amrum gibt, dass es das Meer gibt ... Und jetzt stell dir vor, du bist diese Ameise auf Planet Erde ...

Der Horizont ist so klein.
Und ich weiß noch nicht einmal, wie es in China oder auf dem
Mond aussieht.
Wie sollen wir überhaupt irgendetwas wissen? Wer sind wir?
Warum sind wir??

JONNA AUS KAISERSLAUTERN

Ich bin Lars und 10 Jahre alt. Ich lebe in Berlin. Meine Leidenschaft ist, Fußball zu spielen. Ich spiele im Verein. Ich
will mal Profi werden, so wie Philipp Lahm. Ich schieße viele
Tore. In der Schule bin ich mittelmäßig. Aber als Fußballpro-
fi ist das ok, denke ich.

LARS AUS BERLIN

Eine gehörlose Jesusliebhaberin, die Begegnungen mit anderen
Menschen (egal ob gebärdensprachlich oder lautsprachlich),
mit Schwarzwaldbergen, Eichhörnchen auf dem Balkon, guten
Büchern und Cortado in schönen Cafés liebt: Es macht reich, in
allem, was mir begegnet, eine Segensspur von Gott zu entde-
cken, egal wie schwer es manchmal im Leben auch sein mag ...

M.S.

Ich bin harmoniesüchtig und scheitere täglich.

ANONYM

Eigentlich bin ich nur eine verliebte Studentin, aber tief im Herzen auch eine Weltverbesserin!

ANONYM

Ich, 26, weiß nicht, wer ich bin. Ständig bin ich hin- und hergerissen. Das fängt schon morgens vor der Arbeit an: Soll ich Nachrichten hören oder lieber nicht? Mittags kann ich mich nicht entscheiden, ob ich mir lieber Pommes reinziehen soll oder doch „etwas Gesundes". Soll ich heute anfangen, mit Rauchen aufzuhören oder doch erst an meinem Geburtstag im September, wie geplant? Soll ich mich sofort melden, wenn meine Freunde auf AB gequatscht haben, weil sie sonst eingeschnappt sind? Soll ich mehr auf meine Bedürfnisse hören oder auf das, „was man tut", was die anderen sagen? Soll ich mir das Wichtigste sein? Jesus hat ja gesagt, dass man sich selbst lieben soll so wie seinen Nächsten oder so ähnlich. Anstrengend ist es, wenn meine Wünsche sich mit den Erwartungen der anderen kreuzen. Aber eigentlich im Vergleich (alles ist eben relativ...) noch harmlos, schlimmer ist doch, wenn ich selbst nicht weiß, was ich will. Wenn ich denke: Mensch, vor 5 Jahren wusstest du doch genau, was du wolltest – und plötzlich ist das weg. Die Erinnerung kann zwar noch das Gefühl abrufen – aber der damalige Wille ist weg. Wer bin ich also? Die, die einst das wollte und nun nicht mehr? Was macht mich aus? Und ist es nicht ein Luxus, darüber nachzudenken, sich solche Gedanken machen zu können? Das kann letztlich nur bedeuten, dass ich diejenige bin, deren Grundbedürfnisse befriedigt sind und das noch nicht einmal zu schätzen weiß.

L.M. AUS KÖLN

Nachdem man mir nach 25 Jahren als Betriebsleiter pünktlich zum Betriebsjubiläum die betriebliche Kündigung an die Haustüre geklebt hatte, verlor ich meine Identität.
Ich brauchte rund ein Jahr, um zu begreifen, was meine Identität war. Meine neue habe ich noch nicht gefunden, bin aber dankbar, mich wenigstens als Mensch wieder gefunden zu haben. Eine Anstellung werde ich wohl nicht mehr erhalten. Mit 55 Jahren ist man zu alt dafür.

AKKUM

SARAH KEMMING

123

Ich bin bunt im Herbst,
grau im Winter,
zartgrün im Frühjahr –
und gelb im Sommer!

NOAH

Geboren in Süddeutschland, aufgewachsen in Norddeutschland, gelitten unter der Schule, Befreiung erfahren an der Freien Universität Berlin, meine große Liebe geheiratet, durch Glück einen Job gefunden, aus beruflichen Gründen mit meiner Frau ausgewandert nach England, seit zwei Jahren wieder zurück in Deutschland. Bewusst kinderlos geblieben. Höhen und Tiefen durchgemacht. Immer wieder Halt gefunden - auch im Glauben.

ROLAND

Ich bin ein 15-jähriges Mädchen, das rote Haare hat, gerade ihren Abschluss macht, sehr offen, lustig und manchmal auch kindisch ist... So sehen mich alle, aber wer bin ich wirklich? Ich bin auf jeden Fall kein typisches Mädchen, denn ich liebe Technik und Fußball. Ich bin damit aufgewachsen und das nur wegen meines Vaters. Er war früher, als ich klein war, mein Vorbild, heute habe ich keinen Kontakt mehr zu ihm... Meine Mama jedoch ist der wichtigste Mensch in meinem Leben, ich bin sehr stolz auf sie, sie hat viel durchgemacht und doch immer weitergekämpft – Ich bin so wie sie!

ANONYM

Glücklicher Vater dreier entzückender Kinder – Leidenschaftlicher Rennradfahrer – Witwer und Hausmann – Tatort-Gucker und Kirchgänger.

MARTIN AUS MÜNCHEN

Ich, 43, weiß selbst nicht, wer ich bin. Bis vor kurzem noch bin ich ständig umgezogen, in eine neue Stadt, in ein anderes Land. Um jedesmal neu, völlig unbefleckt „von vorn" anfangen zu können. Um mich neu zu definieren. So dachte ich. Doch jedesmal wurde ich eines Tages von mir eingeholt. War wieder so, wie ich nicht sein wollte – war wieder genau die, die ich dachte, endlich hinter mir gelassen zu haben.
Inzwischen bin ich müde geworden, um immer wieder neu anzufangen. Auch weil ich weiß, dass es nichts bringt. Das zu ak-

zeptieren, fällt mir nicht leicht. Oft helfen mir gute Bücher und Musik dabei. Aber auch die Erinnerung an die vielen Neuanfänge, die mir jedesmal ein unbeschreibliches Glücksgefühl von Freiheit gegeben haben. Insofern hat es mir doch etwas geholfen, das ständige Neubeginnen in der Fremde.

MIRJAM

Unentschlossen.

KONSTANTIN

Ich bin Mutter.
Von Fionn, der ein tiefenentspanntes Wesen hat. Und den Schalk im Nacken. Und eine Denkerstirn.
Von seiner Zwillingsschwester Jonna, die eine Extra-Portion Fröhlichkeit in ihren Hamsterbäckchen hat. Und ein gutes Herz (mit einem Flicken drauf). Und das Down-Syndrom.
Von Carlotta, die Speckbeinchen hat. Und einen herzförmigen Mund. Und die auf einem Stern sitzt.
Ich liebe sie alle drei so sehr und bin meistens glücklich, manchmal traurig. Ich bin ihre Mutter.

INES LESSING AUS HAMBURG

Ich bin ein Anfang.

S. P.

IMPRESSUM

Bibliografische Information der Deutschen Bibliothek:
Die Deutsche Bibliothek verzeichnet diese Publikation in der
Deutschen Nationalbibliografie; detaillierte bibliografische Daten
sind im Internet über http://dnb.ddb.de abrufbar.

REDAKTION: Constanze Grimm

BILDNACHWEIS: Titelbild: Katrin Binner, Modell: Sonja Sofia Yakovleva
U4 und Fotos innen: Achenbach-Pacini; alle anderen Abbildungen: privat

GESTALTUNG UND SATZ: Elisabeth Keßler

DRUCK UND BINDUNG: DZA Druckerei zu Altenburg GmbH

Printed in Germany, ISBN 978-3-86921-091-9